AF523484

SCHEIN
HEILIGE
STIFTER

BACKSTEIN
VERLAG

1. Auflage 2015

Cartoons: Lyonn Redd, http://lyonnredd.com
Umschlaggestaltung, Grafik und Layout: Katrin Heinz, Köln.
Lektorat: gee.sys
Satz und Druck: Moosdruck, Leverkusen, www.moosdruck.com
Verlag: Backstein Verlag, Köln
ISBN 978-3-00-050214-9

Inhaltsverzeichnis

Anhang

„Bei der Regelung der Unternehmensnachfolge Steuern sparen: Dazu muss man keineswegs nach Liechtenstein ausweichen. Es funktioniert auch ganz legal mit einer Stiftung „Made in Germany". Wird diese Stiftung mit einem gemeinnützigen Zweck errichtet, so können Zuwendungen im siebenstelligen Bereich von der Steuer als Sonderausgaben abgesetzt werden. Handelt es sich um Anteile an einem Unternehmen (...), so lässt sich erreichen, dass die Stiftung die künftigen Unternehmensgewinne steuerfrei erzielt."

Johannes Fiala und Uwe Dörnbrack,
Rechtsanwälte in München, 2009[1]

ICH
STEH AUF
GEMEIN-
WOHL
AUF
GEMEIN-
WOHL
500
LYONN REDD

Worum es geht

„Die großen Stifter", ein Buch mit Porträts von John D. Rockefeller, Henry Ford, Robert Bosch oder Bertelsmann-Patriarch Reinhard Mohn, erscheint 1997 in einem Verlag, der zu Bertelsmann gehört. Wenige Jahre darauf beginnt die rot-grüne Bundesregierung, in Deutschland nie gekannte Steuererleichterungen für Stifter und Stiftungen auf den Weg zu bringen. Folge: Von 1999 bis Ende 2014 steigt die Zahl der Stiftungen von etwa 8.000 auf 20.784. Schätzungen zufolge besitzen sie ein Gesamtvermögen von 100 Milliarden Euro. Welche Folgen hat dieser Boom für uns – als Bürgerinnen und Bürger, als Arbeitnehmerinnen und Arbeitnehmer, als Steuerzahler?

Gemeinnützige Stiftungen tun Gutes. Sie fördern Schüler aus benachteiligten Familien. Sie unterstützen Museen und Kunst-Ausstellungen. Sie engagieren sich für Flüchtlinge, Klimaschutz, Bildung und Wissenschaft. Doch ist das alles? Der Stifter, nichts als ein Menschenfreund? Der sich flexibler und effizienter bewegt als der Staat? Der für Innovationen in Politik und Gesellschaft sorgt? Und der deshalb unseren Beifall verdient und unsere Unterstützung?

Dieses Buch zeigt, dass Stifter knallharte Interessen vertreten. Sie zielen darauf, Wissenschaft, Bildung, Kultur und Soziales umzugestalten. Unternehmer gründen Stiftungen, um den Fortbestand ihrer Firma zu sichern, um Steuern zu sparen, um PR in eigener Sache zu betreiben. Vermögende Privatleute stiften, um ihre sozialen Netzwerke auszubauen. Was ihr Ansehen mehrt und ihren Einfluss erweitert. Ausgesprochen eigennützige Motive also. Dennoch sind deutsche Finanzämter schnell dabei, solche Stiftungen als gemeinnützig einzustufen. Und sie genießen viele Privilegien – etwa das Recht, auf Einnahmen keine Steuern zu zahlen. Hier wird privater Nutzen vom Fiskus mit vielen Millionen, womöglich sogar Milliarden Euro gefördert. Jahr für Jahr.

Stiftungen üben keinen Zwang aus – sie locken mit Geld, Knowhow und Erfahrungsaustausch, mit Kontakten zu renommierten Fachleuten und Prominenten, mit medialer Aufmerksamkeit. Sich im Glanz einer schwerreichen Stiftung zu sonnen – welcher Bürgermeister, welcher Abteilungsleiter in der Bildungsverwaltung, welche Ministerin fände das nicht attraktiv? Wie ein süßes Gift verbreitet sich so die Stiftungsmacht im Körper von Gesellschaft und Staat. Es ist eine schleichende Entwicklung, von der Öffentlichkeit kaum bemerkt.

Der Boom der gemeinnützigen Stiftungen ist Ausdruck einer politischen Ideologie, die auf Privatisierung setzt. Die kein Problem damit hat, dass sich die Schere zwischen Arm und Reich immer weiter öffnet. Die den Sozialstaat zurückfährt. Und die das Schicksal von Armen und Schwachen zunehmend dem privaten Mitgefühl des Bürgers überlassen sehen will. In dieser „Bürgergesellschaft" sollen Stifter und Stiftungen eine gewichtige Rolle spielen. Wie in den USA, dem gelobten Land der Privatisierer und Stiftungsfreunde.

Wie mächtig die großen US-Stiftungen sind, zeigt der Blick auf deren Vermögen. Die Ford Foundation besitzt 12,3 Milliarden US-Dollar, der J.Paul Getty Trust nennt 11,1 Milliarden US-Dollar sein Eigen. Von der Bill & Melinda Gates Foundation mit ihren 41,3 Milliarden US-Dollar ganz zu schweigen. 87.142 Stiftungen existieren in den USA, zusammen kommen sie auf ein Vermögen von märchenhaften 798 Milliarden US-Dollar.[2] Hinter den größten dieser Stiftungen stehen Multi-Milliardäre wie Bill Gates, Michael Bloomberg, Jim Walton oder George Soros. Der US-Filmemacher Michael Moore nannte die Riege der 400 reichsten US-Bürger, unter denen viele Stifter sind, „400 little Mubaraks", in Anlehnung an Hosni Mubarak, den 2011 gestürzten schwerreichen ägyptischen Herrscher.[3]

Auch hierzulande sind es sind vor allem Vermögende, die Stiftungen ins Leben rufen. Laut der Unternehmensberatung Boston Consulting lebten 2014 in Deutschland 679 *ultra-high-net-worth households* (UHNW). Das sind Menschen, die ein Vermögen von mehr als 100 Millionen US-Dollar besitzen. Deutschland liegt bei der Zahl der UHNW weltweit auf Platz 5, hinter den USA (5.201 UHNW), China (1.037), Großbritannien (1.019) und Indien (928).[4]

Gleichzeitig ist die Konzentration von Vermögen in Deutschland höher als in jedem anderen Land der Euro-Zone (Ausnahme: Österreich). Hierzulande (und in Österreich) verfügt das reichste Prozent der Bevölkerung über 24 Prozent des Gesamtvermögens (Portugal 21 Prozent, Luxemburg 21 Prozent, Frankreich 18 Prozent, Italien 14 Prozent, Niederlande 8 Prozent).[5] Fachleute erwarten zudem, dass Erbschaften den Stiftungsboom in Deutschland weiter anheizen. Allein 2013 wurden 254 Milliarden Euro vererbt. Schätzungen zufolge steigt das Erbschaftsvolumen bis 2020 auf jährlich 330 bis 360 Milliarden Euro.[6]

Der bereits genannte Sammelband „Die großen Stifter" hat einen prominenten Herausgeber: Der konservative Publizist Joachim Fest. Er gibt im Vorwort bereits die Richtung vor. Joachim Fest kritisiert den Sozialstaat. Er klagt, ab dem Beginn der Aufklärung habe „der moderne Staat immer mehr Aufgaben an sich gezogen". Aufgaben, die „bis dahin dem Gemeinsinn oder der karitativen Barmherzigkeit überantwortet waren". Und: „In der schönen neuen Welt, die jetzt heraufzog, sollte niemand vom Mitgefühl der Bessergestellten abhängig sein." Herauskam, so der Publizist, ein „allzuständiger Staat", von „dinosaurierhafter Schwerfälligkeit".[7]

Doch zum Glück blicke man nun anderen Zeiten entgegen. „Die Globalisierung (...) hat die Staaten nicht nur entmachtet, sondern auch einer neuartigen Form des Wettbewerbs ausgesetzt“, schreibt Joachim Fest. Wie kann Deutschland in diesem weltweiten Wettbewerb bestehen? Die Antwort des Konservativen: Der Staat werde „seine allzu vielen Zuständigkeiten zurückschneiden müssen“. Und wer sei in der Lage, den so entstehenden „Leerraum“ zu füllen? Nützlichen Rat lieferten am sichersten „unabhängige, keinem Einzelbedürfnis, sondern dem Ganzen verpflichtete Institutionen“, also der „dritte Sektor“. Dieser Begriff erfasse „vor allem Stiftungen“, schreibt Fest. Wenn aber der Sozialstaat durch Stiftungen und private Wohltäter ersetzt wird, heißt das für Arme und Bedürftige: Einen Rechtsanspruch auf Unterstützung gibt es nicht mehr – stattdessen milde Gaben.

Joachim Fest lobt das Stifterland USA („mit keinem anderen Land vergleichbar“) und preist die angebliche Großzügigkeit der US-Stifter. 2002 wird er ausgezeichnet – Fest bekommt den Preis der Hanns-Martin-Schleyer-Stiftung. Die Stiftung, benannt nach dem 1977 ermordeten Arbeitgeberpräsidenten, verlieh den „Hanns-Martin-Schleyer-Preis“ immer wieder an Menschen, die mit Stiftungen in Verbindung stehen. Dazu zählen Reinhard Mohn (Bertelsmann-Stiftung), der Heidelberger Steuerrechts-Professor Paul Kirchhof (Mitglied der Ludwig-Erhard-Stiftung), der konservative Vordenker Meinhard Miegel (Denkwerk Zukunft – Stiftung kulturelle Erneuerung) und der SPD-Politiker Klaus von Dohnanyi, der zu „Die großen Stifter“ ein wohlwollendes Porträt Reinhard Mohns beisteuerte. Übrigens: Die Schleyer-Stiftung arbeitet mit der Robert-Bosch-Stiftung, der Otto-Wolff-Stiftung und der Heinz-Nixdorf-Stiftung zusammen. Die Heinz-Nixdorf-Stiftung wiederum fördert die Ludwig-Erhard-Stiftung, sie kooperiert zudem mit der Bertelsmann-Stiftung, der Stiftung der Deutschen Wirtschaft und der Stiftung Polytechnische Gesellschaft. Ein kleiner Ausschnitt eines gut funktionierenden Netzwerks.

Im Jahr 2006 berichtete ich erstmals über gemeinnützige Stiftungen. Was ich seither recherchiert habe, wurde von WDR oder Deutschlandfunk gesendet. Artikel und längere Texte veröffentlichte die Berliner „taz“ und der „Privatisierungsreport“ der Gewerkschaft GEW. Dieses Buch gibt erstmals einen umfassenden Überblick über das Thema. Willkommen in der Welt der Stiftungen!

„Wir brauchen eine neue Debatte über das Verhältnis von Staat und Bürgern. In einer funktionierenden Bürgergesellschaft muss privates philanthropisches Engagement den Vorzug vor staatlicher Umverteilung haben."

Arend Oetker, Unternehmer und Stifter,
damals Präsident des Stifterverbandes für
die Deutsche Wissenschaft, im Jahr 2006[8]

1. Streifzug durch den Stiftungs-Dschungel

Stiftung Familienunternehmen: Marketing für einen Anwalt?

Erbschaftsteuer und nochmal Erbschaftsteuer. Ein heiß umstrittenes Thema, zu dem sich eine Stimme immer wieder zu Wort meldet. „Die geplante höhere Erbschaftsteuer würde ausländische Wettbewerber stärken", warnt sie. Oder: Es drohe „irreparabler Schaden an der in der Welt einzigartigen Unternehmenslandschaft Deutschland".[9]

Was klingt, als stoße der Sprecher eines Unternehmerverbandes ins Horn, sind Aussagen der Stiftung Familienunternehmen. Diese als gemeinnützig anerkannte Stiftung mobilisierte auch gegen den flächendeckenden Mindestlohn. Sie kritisierte die Frauenquote in Führungsetagen. Und sie bekämpft einen Gesetzentwurf, der Korruption durch Einführung eines Unternehmensstrafrechts eindämmen will.[10]

Stiftung Familienunternehmen

Sitz: Stuttgart, Repräsentanz in Berlin,
Geschäftsstelle in München.
Gegründet: 2002.
Die Stiftung vertritt politische Forderungen,
die auch von Familienunternehmen erhoben werden.
Der Stiftungsvorstand ist Seniorpartner einer Anwaltskanzlei,
die auf Familienunternehmen spezialisiert ist.
Vermögen und jährliche Ausgaben: „Die Stiftung veröffentlicht grundsätzlich
keine Angaben über das Budget" (Auskunft des Stiftungsvorstands).

Wohin man schaut, die Stiftung scheint vorrangig Unternehmerinteressen zu vertreten. „Mein Eindruck ist, dass das Selbstbild der

Stiftung und ihrer Förderer eher dem eines Lobbyverbandes als einer gemeinnützigen Stiftung entspricht." Das gab Lisa Paus, finanzpolitische Sprecherin von Bündnis 90/Die Grünen im Bundestag, einer Stuttgarter Tageszeitung zu Protokoll.[11] Doch juristisch betrachtet ist die Gemeinnützigkeit offenbar rechtens. Professor Rainer Hüttemann, Experte für Gemeinnützigkeitsrecht an der Universität Bonn, erklärt: „Man muss sehen, dass die Stiftung Familienunternehmen im Kern Bildungsziele verfolgt." Laut Stiftungssatzung veranstaltet sie „Kongresse und Veranstaltungen", außerdem „allgemeine Schulungen". Die Stiftung, so Professor Hüttemann, möchte zudem „das Bewusstsein der Öffentlichkeit für die Erforderlichkeit von familiengeführten Unternehmen stärken". Auch dieses Ziel sei laut Abgabenordnung als gemeinnützig anerkannt. Die Abgabenordnung regelt Grundfragen des Steuerrechts.

In Berlin, am Pariser Platz 6a, wenige Meter vom Brandenburger Tor entfernt, betreibt die Stiftung ein „Haus des Familienunternehmens". Wissenschaftler präsentieren hier ihre Studien zu Themen aus Wirtschaft und Unternehmensführung. Eigentümer von Familienunternehmen versammeln sich. Und Berliner Politiker treten auf – von Wolfgang Schäuble (CDU) bis Gregor Gysi (Die Linke). An der Stiftung Familienunternehmen kommt offenbar keiner vorbei.

Ein Erfolg, den die Stiftung vor allem einem Mann zu verdanken hat: Prof. Dr. Dr. h.c. mult. Brun-Hagen Hennerkes. Der Jurist hob die Stiftung aus der Taufe – und ist als Stiftungs-Chef ein gefragter Gesprächspartner. Ob „Focus Online" oder „DIE ZEIT", Hennerkes gibt Interviews oder schreibt Gastbeiträge. Ich möchte wissen: Bringt ihm die Stiftungsarbeit berufliche Vorteile? Schließlich ist er Seniorpartner von Hennerkes, Kirchdörfer & Lorz, einer Stuttgarter Anwalts- und Steuerberaterkanzlei mit einschlägigem Schwerpunkt. „Wir betreuen ausschließlich eignergeführte bzw. eignerbestimmte

Familienunternehmen und deren Gesellschafter sowie Stiftungen." So steht es auf der Webseite der Anwaltskanzlei.[12] Auch der Sitz der Stiftung in der Stuttgarter Jahnstrasse 43 signalisiert Nähe zur Kanzlei: Unter dieser Adresse residiert auch Hennerkes, Kirchdörfer & Lorz.

Die Sache mit der Adresse habe rein praktische Gründe. „Weil bei der Gründung noch keine Räumlichkeiten vorhanden waren, hat die Stiftung rechtlich ihren Sitz in Stuttgart", erklärt Brun-Hagen Hennerkes. Seit Beginn der operativen Tätigkeit arbeite die Geschäftsstelle jedoch in München. Der Eindruck, die Stiftungsarbeit verschaffe ihm berufliche Vorteile, sei „nicht richtig", betont der Mann mit den nordischen Vornamen. Brun-Hagen Hennerkes ergänzt: „Mittlerweile bin ich operativ nicht mehr für die Kanzlei tätig."[13] Was der Jurist nicht erwähnt: Sein Partner in der Kanzlei, Rechtsanwalt Rainer Kirchdörfer, gehört ebenfalls zum Vorstand der Stiftung Familienunternehmen.

Vernetzt sind beide mit der Privat-Universität Witten-Herdecke, die wiederum von einer Vielzahl Stiftungen gefördert wird – darunter Bertelsmann-Stiftung, Robert-Bosch-Stiftung, Krupp-Stiftung, Stiftung Mercator, ZEIT-Stiftung Ebelin und Gerd Bucerius und Vodafone-Stiftung. Brun-Hagen Hennerkes erhielt 2009 die Ehrendoktorwürde der Wittener Hochschule.[14] Partner Rainer Kirchdörfer lehrt hier als Honorarprofessor.[15] Die Hennerkes-Kanzlei ist „Kooperationspartner" des Uni-eigenen „Wittener Instituts für Familienunternehmen".[16]

Die Stiftungsrechtlerin Professor Birgit Weitemeyer von der „Bucerius Law School" in Hamburg sieht Brun-Hagen Hennerkes in einer Doppelrolle. Einerseits leite er die Stiftung. Gleichzeitig habe er, so Weitemeyer, „ein Interesse daran, über die Lancierung dieser

Stiftung in der Presse quasi Werbung für sich selbst als Anwalt zu machen“. Die gemeinnützige Stiftung diene ihm offenbar „als Marketinginstrument für seine nicht-gemeinnützige Tätigkeit“. Weitemeyer: „Das ist ein Interessenkonflikt, aber nach aktuellem Recht nicht verboten.“

„Für mich ist eine Stiftung Ausdruck für den freiwilligen Dienst am Gemeinwesen."

Bundeskanzlerin Angela Merkel (CDU) am 14. September 2011[17]

Viele Privilegien – kaum Kontrolle

Wer als reiche Privatperson eine Million Euro in eine Stiftung steckt, bekommt vom Finanzamt fast die Hälfte zurück. So will es der Gesetzgeber. Denn der Stifter kann bis zu einer Million Euro als „Sonderausgabe“ bei der Einkommensteuer steuermindernd geltend machen. Hätte der Stifter diese Million zu versteuern, müsste er bei einem Spitzensteuersatz von 45 Prozent – plus Solidaritätszuschlag – fast 500.000 Euro an den Fiskus zahlen. Ein Ehepaar kann bis zu zwei Millionen Euro bei der Steuer angeben. Zusätzlich hat der Stifter die Möglichkeit, bis zu 20 Prozent seiner jährlichen Einkünfte der Stiftung zu spenden – und auch diesen Betrag von der Steuer abzusetzen.[18] Doch geht es nicht allein darum, Geld zu sparen. Der Stifter entscheidet, für welche Zwecke die Stiftungsgelder einzusetzen sind – und welche Bereiche außen vor bleiben. „Anstatt schnöde Steuern zu zahlen, können die Reichen als Hausherr in der eigenen Stiftung wie absolutistische Fürsten selbst bestimmen, wem sie Gutes tun und wem sie es verweigern.“ So drückt es der Journalist Christian Rickens aus.[19]

Auch Unternehmen haben das Recht, Spenden zugunsten einer gemeinnützigen Stiftung steuerlich geltend zu machen. Und zwar bis zu einem Höchstbetrag von vier Promille der Summe der Umsätze und der im Jahr gezahlten Löhne und Gehälter.[20] Liegt diese Summe bei 400 Millionen Euro, so kann die Firma also bis zu 1,6 Millionen Euro im Jahr spenden – und diesen Betrag von den zu versteuernden Einnahmen abziehen.

Doch nicht nur der Stifter, auch die Stiftung selbst genießt viele Vorteile. So darf die gemeinnützige Stiftung Spendenquittungen ausstellen, die der Spender beim Finanzamt einreichen kann. Wenn die Stiftung ein Bürogebäude oder Unternehmens-Anteile besitzt, darf sie Mieten oder Dividenden kassieren, ohne darauf Steuern zu zahlen. Die Einkünfte der Stiftung sind steuerfrei – weder Gewerbesteuer, noch Körperschaftsteuer werden fällig, auch keine Einkommensteuer oder Abgeltungsteuer. Wenn nach dem Tod eines Wohlhabenden dessen Vermögen an eine Stiftung fällt, geht das Finanzamt abermals leer aus. Gemeinnützige Stiftungen zahlen keine Erbschaftsteuer oder Schenkungsteuer. Wird der Stiftung ein Gebäude oder ein Grundstück vermacht, so entfällt die Grunderwerbsteuer.

Ich möchte wissen: Wie hoch sind die Steuereinbußen durch Stiftungen? Keine Ahnung, antwortet das Bundesfinanzministerium. Im Ministerium „liegen aktuell und für die Vergangenheit keine Schätzungen (...) vor", schreibt mir die Pressestelle.[21] Erstaunlich. Denn in Gesetzentwürfen zur Förderung des Stiftungswesens finde ich zumindest Hinweise, in welcher Höhe Steuerausfälle zu erwarten sind. Etwa im Entwurf zum „Gesetz zur weiteren Stärkung des bürgerschaftlichen Engagements" von 2007. Dem zufolge liegen die Mindereinnahmen für Bund, Länder und Gemeinden für die Jahre 2009 bis 2011 bei jährlich rund 450 Millionen Euro.[22]

Einige Autoren gehen davon aus, dass die öffentliche Hand auf Einnahmen in Milliardenhöhe verzichten muss. So schrieb Harald Schumann vom Berliner „Tagesspiegel" über die 1977 gegründete Bertelsmann-Stiftung: „Immerhin sparte Konzernpatriarch Mohn durch die Übertragung von drei Vierteln des Aktienkapitals auf die Stiftung zwei Milliarden Euro Erbschaft- oder Schenkungsteuer."[23] Auch die jährliche Dividende kassiere die Stiftung steuerfrei, ergänzt Schumann. „Insofern gibt sie mit ihrem Jahresetat (...) nicht mal annähernd das aus, was sie den Fiskus kostet." Und andernorts? „Die US-amerikanischen Steuerzahler unterstützen die US-Stiftungen jährlich mit mehr als 20 Milliarden Dollar", schätzte Joel L. Fleishman, Professor für Recht- und Politikwissenschaft in Durham, North Carolina.[24]

Doch Frauen und Männer, die stiften, genießen nicht nur steuerliche Privilegien. So gilt laut Abgabenordnung, §58, Nr.6, dass die Gemeinnützigkeit einer Stiftung selbst dann nicht verloren geht, wenn die Stiftung bis zu einem Drittel ihres Einkommens dazu verwendet, „um in angemessener Weise den Stifter und seine nächsten Angehörigen zu unterhalten, ihre Gräber zu pflegen und ihr Andenken zu ehren“. In welcher Höhe Zahlungen an den Stifter und seine Angehörigen „angemessen“ sind, das entscheidet das zuständige Finanzamt. Ein Verein, erklärt das Finanzministerium des Landes Baden-Württemberg, würde den Status gemeinnützig verlieren, „wenn er auch nur einen geringfügigen Teil seines Vermögens seinen Mitgliedern zukommen ließe“.[25]

Damit nehmen Stiftungen Sonderrechte in Anspruch, die anderen gemeinnützigen Einrichtungen verwehrt bleiben. „Eine völlig einmalige Situation im weltweiten Vergleich“, unterstreicht der Stiftungsforscher Rupert Graf Strachwitz, Leiter des Maecenata-Instituts in Berlin: „Das hat auch mit erfolgreicher Lobbyarbeit des Bundesverbandes Deutscher Stiftungen zu tun.“ Diese Sonderrechte haben zur Folge, dass selbst Vereine Stiftungen gründen. Was die Stiftung erwirtschaftet, wird an den Verein weitergeleitet.[26]

Doch welche Pflichten haben gemeinnützige Stiftungen? Wie viel Prozent ihres Vermögens muss eine Stiftung zugunsten der Allgemeinheit zahlen? „Es gibt keine gesetzliche Vorschrift, die irgendeine Prozentzahl der Mindestausschüttungshöhe für gemeinnützige Zwecke vorschreibt“, antwortet die Hamburger Professorin Birgit Weitemeyer. Verboten ist nur, gar nichts auszuschütten. Oder nur wenig. Doch was heißt wenig? Auch das zu prüfen, ist Aufgabe des jeweiligen Finanzamtes. „Das ist in der Tat sehr schwierig“, urteilt die Hamburger Juristin. „Wenn man sich den einzelnen Finanzbeamten vorstellt, der darüber zu entscheiden hat und der auch noch Vorgaben von seiner eigenen Finanzverwaltung bekommt.“ Der Beamte steht dann vor der Frage, ob er das Verhalten etwa einer Großstiftung beanstandet – und damit einen aufwändigen Rechtsstreit riskiert. Eine heikle Lage. „Das führt dazu, dass es möglicherweise ein gewisses Vollzugsdefizit gibt“, sagt Birgit Weitemeyer.

ROBERT-BOSCH-STIFTUNG

Sitz: Stuttgart, Repräsentanz in Berlin.
Gegründet: 1964.
Besitzt 92 Prozent des Weltkonzerns Robert Bosch GmbH
(357.000 Beschäftigte, 64 Mrd. Euro Umsatz).
Betreibt ein 1.000-Betten-Krankenhaus in Stuttgart.
Fördert Gesundheit, Wissenschaft,
Kultur, Bildung, Völkerverständigung,
Fortbildung für Journalisten.
Vermögen: 5,2 Mrd. Euro (Buchwert von 2014).
Der Marktwert liegt angesichts eines
aktuellen Nettogewinns von über 2 Mrd. Euro weit darüber.
Jährliche Ausgaben: 84 Mio. Euro (2014).

Und welches Recht besitzt die Öffentlichkeit zu erfahren, wieviel eine Stiftung besitzt, wie hoch die Einnahmen sind und wohin die Stiftungsgelder fließen? „Stiftungen müssen in Deutschland vom Gesetz her gar keine Zahlen veröffentlichen“, weiß Birgit Weitemeyer. Sie werden zwar kontrolliert, einmal durch ihre eigenen Stiftungsorgane und dann durch die Stiftungsaufsichtsbehörden, die in die Verantwortung der Bundesländer fallen. In Nordrhein-Westfalen liegt die Stiftungsaufsicht bei den Bezirksregierungen. „Und wenn sie gemeinnützig sind, kontrolliert auch das Finanzamt“, ergänzt die

Hochschullehrerin. Aber bei den Finanzämtern bestehe Geheimhaltungspflicht, Stichwort Steuergeheimnis. Auch die Stiftungsbehörden haben kein Recht, Zahlen zu Einnahmen und Ausgaben der Stiftung nach außen zu geben. „Die Allgemeinheit erfährt nur etwas davon, wenn die Stiftung freiwillig ihre Zahlen veröffentlicht", erklärt Birgit Weitemeyer.

Dazu sind offenbar nur wenige Stiftungen bereit. 2010 startete der deutsche Ableger von Transparency International die „Initiative Transparente Zivilgesellschaft". Bislang machen rund 680 Organisationen mit. Doch dazu zählen lediglich rund 90 Stiftungen, außerdem der Bundesverband Deutscher Stiftungen. Von den großen unternehmensnahen Stiftungen beteiligen sich bislang nur drei: Deutsche-Telekom-Stiftung, Körber-Stiftung und Siemens-Stiftung.

Das sei doch eine Menge, entgegnet Professor Hans Fleisch, Generalsekretär des Bundesverbandes Deutscher Stiftungen. „Stiftungen machen in höherem Maße mit als alle anderen Teile der Zivilgesellschaft", rechnet der Jurist Fleisch vor. „Gerade die großen Stiftungen sagen, wir sind sehr transparent", ergänzt der Lobbyist. Das gehe oft deutlich über das hinaus, was die Initiative verlange.

In der Tat, Bertelsmann- und Bosch-Stiftung veröffentlichen viele Informationen. Aber wie hoch der aktuelle Marktwert ihres Stiftungsvermögens ist, das verraten beide Stiftungen nicht. In Veröffentlichungen findet sich lediglich ein Buchwert. „Ich beteilige mich nicht an Spekulationen über den möglichen Verkehrswert", erklärt Professor Joachim Rogall, Geschäftsführer der Bosch-Stiftung. Die Bertelsmann-Stiftung äußert sich dazu nicht. Und wie hält es die Krupp-Stiftung mit Transparenz?

ALFRIED-KRUPP-VON-BOHLEN-UND-HALBACH-STIFTUNG

Sitz: Essen.
Gegründet: 1967.
Besitzt 23 Prozent der Aktien an der ThyssenKrupp AG (160.000 Beschäftigte, 41,3 Mrd. Euro Umsatz).
Betreibt ein 900-Betten-Krankenhaus in Essen, fördert das Museum Folkwang in Essen.
Projekte in den Bereichen Bildung, Wissenschaft, Gesundheit, Kultur, Sport.
Unterhält eine Hochsee-Segelyacht.
Zum Kuratorium gehören unter anderem: Hannelore Kraft (NRW-Ministerpräsidentin), Fritz Pleitgen (ehemaliger Intendant des WDR).
Vermögen: 2,8 Mrd. Euro (2014).
Jährliche Ausgaben: 2 Mio. Euro („Förderaufwendungen" in 2013).

Die Essener Großstiftung litt unter den jüngsten Milliardenverlusten der ThyssenKrupp AG – zahlte der Stahl- und Technologiekonzern doch ab 2009 nur noch eine schmale Dividende, die die Haupteinnahmequelle der Krupp-Stiftung darstellt. 2012 und 2013 fiel die Dividende sogar weg. Folge: 2013 sah sich die Krupp-Stiftung gezwungen, ihre „Förderaufwendungen" auf zwei Millionen Euro zu drosseln – 2011 schüttete sie noch 17,8 Millionen Euro aus. Ich frage die Krupp-Stiftung: „Welche Folgen hat dies für die Förderpolitik der Stiftung?" Die schmallippige Antwort der Stiftungspressestelle: „Bezüglich Planungen und Strategien zu ihrer Fördertätigkeit (…) erteilt die Stiftung keine Auskunft über die Zahlen hinaus, die Ihnen bereits vorliegen."[27]

STIFTUNG
STEUER-
GELDER
CDU
STEUER-
GELDER
SPD
500
500
LYONN REDD

Deutsche-Annington-Stiftung: Profitiert Deutschlands größtes Wohnungsunternehmen?

„Viele Kinder kommen mit Hunger zu uns", sagt Gabriele Backhaus. „Da ist zuhause der Kühlschrank leer." Die 58-jährige leitet den „Johanniter-Treff", eine offene Begegnungsstätte für Kinder von 6 bis 14 Jahren, in Dortmund-Eving. Ein Großteil der kleinen Besucher lebt in Familien, die mit Hartz IV auskommen müssen. Die Einrichtung bietet deshalb Essen für wenig Geld. „Mal Nudelsuppe, mal Pizza, mal Obstsalat und Kuchen", zählt Backhaus auf. „Jede Portion kostet 30 Cent."

Der Treff im Holtkottenweg 11, getragen von der Johanniter-Unfall-Hilfe, öffnet dienstags, mittwochs und donnerstags, von 14 Uhr bis etwa 18 Uhr.[28] Gabriele Backhaus und die 20-jährige Julia, die ihr Freiwilliges Soziales Jahr ableistet, kochen mit den Kindern. Es wird gemalt und gebastelt. Im Regal liegen Brettspiele. Im Kellerraum, mit Teppichboden, Podest und vielen bunten Kissen, treffe ich den achtjährigen Leandro und Andreas, zwölf Jahre. Die beiden Jungen fläzen sich in der Ecke, in der Hand die Fernbedienung für das Computerspiel. Über den Monitor hasten Trickfilmfiguren, die explodierenden Bomben ausweichen müssen. „Nach einer halben Stunde ist Schluss!", stellt Gabriele Backhaus klar. „Die Kinder sollen sich bewegen", sagt die Leiterin.

Im Dortmunder Stadtteil Eving leben 20.000 Menschen. Rund 4.000 sind Mieter der Deutschen Annington Immobilien SE, des größten privaten Wohnungseigentümers Deutschlands. Nach der Übernahme des Konkurrenten Gagfah besitzt die Aktiengesellschaft 350.000 Wohnungen.[29] Die Deutsche Annington unterstützte den „Johanniter-Treff" in dessen Startphase. So stellte das Unternehmen die Räume für zwei Jahre mietfrei zur Verfügung. Die gemeinnützige Deutsche-Annington-Stiftung zahlte 15.000 Euro für Küche, Möbel und Spielgeräte.[30] „Wir bekommen keine öffentlichen Gelder“, stellt Gabriele Backhaus klar. Die Stiftung des Wohnungsriesen bezuschusst auch andernorts Projekte. Zum Beispiel:

» Kindertagesstätte in Bochum (3.800 Euro).
» Bolzplatz in Dortmund (2.200 Euro).
» Kindertagesstätte in Herne (2.000 Euro).
» Bauspielplatz in Nürnberg (5.000 Euro).[31]

DEUTSCHE-ANNINGTON-STIFTUNG

Sitz: Düsseldorf.
Gegründet: 2002
Fördert Projekte, die sich in der Nachbarschaft von Wohnanlagen der Deutschen Annington befinden.
Unterstützt Mieter des Wohnungsunternehmens Deutsche Annington in Notlagen.
Vermögen: 5 Mio. Euro.
Jährliche Ausgaben: Die Fördersumme für die Jahre 2013 und 2014 betrug zusammen 370.000 Euro.

„Schön, hier zu wohnen“, lautet der Werbeslogan der Deutschen Annington. Doch für viele Mieter klingt dieser Spruch wie blanker Hohn. Zahlreiche Klagen finden sich etwa auf der Facebook-Seite „Deutsche Annington – Aufstand der Mieter“.[32] „Weitverbreitete Schimmelschäden, vergammelte Hausflure, triste Außenanstriche“, zählt das Mieterforum Ruhr auf.[33] Das Mieterforum, dem Mietervereine aus dem Ruhrgebiet angehören, sieht bei der Annington einen „Instandhaltungsstau“ von bundesweit über 200 Millionen Euro. Hinzu kämen „unerreichbare Hausverwaltungen“.

Rainer Stücker, Geschäftsführer des Mietervereins Dortmund, weiß viele Geschichten über die Deutsche Annington zu erzählen. Etwa die Geschichte von dem Rentner, der viele Jahrzehnte in seiner Wohnung in Dortmund-Huckarde lebte. Der über 80-jährige und seine Ehefrau hätten Schimmel entdeckt, zuerst im Schlafzimmer. Als die Deutsche Annnington den Schaden nicht behob, habe das Rentnerpaar die Miete gemindert, in Absprache mit dem Mieterverein. Das Unternehmen schickte darauf eine fristlose Kündigung. „Für das Ehepaar war das ein Schock", berichtet Rainer Stücker. Erst auf Druck des Mietervereins sei die Deutsche Annington bereit gewesen, die Kündigung zurückzunehmen. „Das Ehepaar ist der einzige Mieter in diesem Haus, das den Streit mit der Annington durchgehalten hat", sagt Stücker. Alle anderen seien ausgezogen. „Die Miet-Hai AG", betitelte der „Stern" im August 2014 seinen Report über die Deutsche Annington.[34]

Inzwischen investiere das Unternehmen zwar mehr als 2011. „Die investierten Mittel fließen allerdings vor allem in Modernisierungen, die sich auf die Mieter abwälzen lassen", erklärt Rainer Stücker. Das sei ein Problem, weil viele Menschen in Dortmund wenig Geld haben. Außerdem, so der Mietervereins-Chef: „Die Deutsche Annington sagt, dass sie auf das für Modernisierung eingesetzte Kapital sieben Prozent Rendite erzielt."

Zu den Vorwürfen erklärt die Deutsche Annington: Der ursprüngliche Eigentümer sei „unter finanziellen Druck" geraten. Instandhaltung und Investitionen in die Wohnungsbestände wurden darauf „weitestgehend zurückgefahren". „Wir haben aus der Vergangenheit gelernt und einen Wandel eingeleitet", unterstreicht Pressesprecherin Nina Henckel. So habe man 2015 die Investitionen in Wohnungsbestände auf 31 Euro pro Quadratmeter erhöht. „Damit liegt die Deutsche Annington deutlich über dem Niveau vergleichbarer

Unternehmen." Das Unternehmen beschäftige an rund 700 Standorten eigene Objektbetreuer. Rund 80 Prozent der Anfragen von Mietern löse man „direkt am Telefon". Zum Rentnerehepaar, von dem Rainer Stücker berichtet, erklärt die Pressesprecherin: „Schimmel ist für uns kein Geschäftsmodell." Bevor man einem Mieter fristlos kündige, „nehmen wir mehrmals Kontakt zu ihm auf". In den „allermeisten Fällen" lasse sich so eine Lösung finden. Zum Thema Modernisierung äußert sich Nina Henckel so: Die Annington profitiere beim Einkauf von ihrer Größe. „Größe schafft Kostenvorteile." Diese dämpfe die Kosten und das komme auch den Mietern zugute: „So können wir beispielsweise Modernisierungen günstig für die Mieter realisieren. Die Balkone werden billiger."[35]

Längst nicht jeder hat jedoch die Chance, von der Annington-Stiftung zu profitieren. Auf deren Internetseite steht: „Das Wirken der Stiftung kommt den Mietern und ihren Angehörigen in den Häusern zugute, die unter dem Dach der Deutschen Annington Immobilien Gruppe vereint sind."[36] Im Februar 2012 erklärte Kristina Jahn, damals Geschäftsführerin der Stiftung, gegenüber dem WDR: „Wir würden kein Projekt fördern, wenn wir da jetzt keinen einzigen unserer Mieter hätten. Weil, das ist unsere Stiftung."

Ich möchte wissen: Soll die als gemeinnützig anerkannte Stiftung dafür sorgen, dass der Wert eines privaten Wohnungsunternehmens steigt? Schließlich erhöht es die Attraktivität einer Siedlung, wenn ein Jugend- und Seniorentreff in der Nähe liegt. Oder wenn ein Bolzplatz ausgebaut wird. Mehr Attraktivität bedeutet weniger Leerstand, also höhere Mieteinnahmen für die Deutsche Annington.

Ich schicke meine Anfrage an die Stiftung – und erhalte Antwort von Sarah Grimhardt, Referentin des Unternehmens Annington. „Generell ist festzuhalten", so Grimhardt, dass die Deutsche

Annington „eine Leerstandsquote von nur 3,4 Prozent aufweist“. Die Stiftung, betont Grimhardt, verfolge „ausschließlich gemeinnützige Zwecke“. Im Fokus der Stiftung stünden Mieter, „die unverschuldet in Not geraten sind“. So unterstütze die Stiftung etwa Bewohner, die bei einem Wohnungsbrand Möbel und Kleidung verloren haben und keine Hausratversicherung besitzen.[37] Wer jedoch die Stiftungs-Homepage studiert, der entdeckt: Antrag auf Förderung darf nur stellen, wer einen Mietvertrag mit der Deutschen Annington nachweist. Antragsberechtigt sind ferner „gemeinnützige und karitative Einrichtungen, die an Siedlungen der Deutschen Annington angrenzen“.[38]

Ist eine Stiftung, die so vorgeht, überhaupt gemeinnützig und darf Steuervergünstigungen in Anspruch nehmen? Durchaus möglich, sagt Rechtsexperte Rainer Hüttemann. Der Hochschullehrer erklärt: „Steuerbegünstigte Zwecke“ ist ein Oberbegriff. Dazu zählen „gemeinnützige“, „mildtätige“ und „kirchliche Zwecke“. Außerdem muss eine steuerbegünstigte Stiftung „selbstlos“ tätig sein, sie darf nicht vor allem eigene wirtschaftliche Ziele verfolgen.

Gemeinnützig im engeren Sinne verhalte sich die Annington-Stiftung nicht, urteilt Hüttemann. „Eine Förderung der Allgemeinheit liegt nicht vor, wenn der Kreis der Personen, die gefördert werden, fest abgeschlossen ist.“ Allerdings spreche viel dafür, dass sich die Stiftung „mildtätig“ verhalte. „Dies gilt dann, wenn der Kreis der geförderten Mieter entweder körperlich, geistig oder seelisch hilfsbedürftig ist. Oder dass eine wirtschaftliche Hilfsbedürftigkeit vorliegt, weil das Einkommen unzureichend ist.“

Und was ist mit der vom Gesetzgeber verlangten Selbstlosigkeit? Was steht im Vordergrund: Projekte, die dem Unternehmen Annington nutzen oder Projekte zugunsten von hilfsbedürftigen Menschen? „Eine abschließende Beurteilung fällt hier schwer", antwortet Professor Hüttemann. Diese zu treffen, sei Aufgabe des zuständigen Finanzamts. Dass die Finanzbehörden im Fall der Annington-Stiftung jedoch Zweifel am Status „steuerbegünstigt" haben, ist nicht bekannt.

Das Mieterforum Ruhr erinnert an die Anfänge der Deutschen Annington. Der britische Finanzinvestor Guy Hands hatte das Unternehmen gegründet, um an der Privatisierung von Wohnungen in Deutschland zu verdienen. Im Jahr 2001 übernahm die Deutsche Annington 65.000 Eisenbahner-Wohnungen, die vom Staat verkauft wurden. „Stiftungen in der Wohnungswirtschaft kamen in Mode, als es mit dem Verkaufen von großen öffentlichen Wohnanlagen losging", berichtet Rainer Stücker. Damals habe man die Frage gestellt, ob Verkäufe an Private verantwortbar seien. Um mögliche negative Auswirkungen für die Mieter auszugleichen, wurden Sozialklauseln in den Verkaufsverträgen verankert. „Das waren im Grunde Trostpflaster", urteilt Mietervereins-Chef Stücker. „Und dann wurde noch eine Stiftung draufgepackt." Die Vorhaben der Annington-Stiftung seien für ihn „reine Image-Projekte".

„Ich bin zutiefst dankbar dafür, dass es Stiftungen gibt."

Bundespräsident Joachim Gauck (SPD), September 2013[39]

Wer versteckt sich im Stiftungs-Dschungel?

Berlin-Mitte, Mauerstrasse 93. Ein historisches Gebäude, nur wenige Meter vom Checkpoint Charlie entfernt, dem ehemaligen US-Kontrollpunkt und Grenzübergang im geteilten Berlin. Hier residiert der Bundesverband Deutscher Stiftungen, nach eigenen Angaben „der größte und älteste Stiftungsverband in Europa". Eine Lobbyorganisation, die mehr als 4.000 Stiftungen vertritt.

Der Bundesverband präsentiert gerne Veröffentlichungen, in denen er Kleinstiftungen in einem Atemzug mit milliardenschweren Unternehmens-Stiftungen nennt. Als zögen diese höchst unterschiedlichen Stiftungen an einem Strang, gleichermaßen aktiv für das Wohl von Mensch und Gesellschaft. Im Lesebuch „Stifterinnen" etwa steht die Milliardärin Liz Mohn, Chefin der Bertelsmann-Stiftung, neben Jenny de La Torre, einer Berliner Obdachlosen-Ärztin, die mit Hilfe ihrer Stiftung Spenden sammelt. „Das Stiftungswesen bildet die Pluralität unserer Gesellschaft ab", erklärt dazu Professor Hans Fleisch, Generalsekretär des Bundesverbandes. Das Buch „Stifterinnen" versammele Frauen, die „in Form einer Stiftung für das Gemeinwohl eintreten". Dies sei „der Nenner", der Unternehmerinnen, Ärztinnen, Köchinnen oder Sportlerinnen zusammenbringe. Doch gleicht die Stiftungslandschaft tatsächlich einem bunt blühenden Garten? Oder ähnelt sie eher einem Dschungel – bestens geeignet als Versteck für die wirklich Mächtigen? Schauen wir uns die Stiftungsszene genauer an.

„Stiftung. Widmung einer Vermögensmasse für einen vom Stifter bestimmten Zweck." So steht es im Brockhaus. Was das gestiftete Vermögen an Erträgen erwirtschaftet, dient dazu, die Aufgaben der Stiftung zu finanzieren. Welche Aufgaben das sind, hat der Stifter in der Satzung festgelegt. Juristische Vorschriften für „rechtsfähige Stiftungen" enthält das BGB, das Bürgerliche Gesetzbuch.

Stiften darf jeder. Auch religiöse Einrichtungen oder der Staat tun es. „Adlige sind unter den Stiftern im Vergleich zum Anteil an der Gesamtbevölkerung überrepräsentiert“, hat Professor Frank Adloff, Stiftungsforscher an der Universität Erlangen-Nürnberg, herausgefunden.[40] Die Fernsehköchin Sarah Wiener unterhält eine Stiftung, ebenso Basketball-Star Dirk Nowitzki oder Ex-Tennisprofi Michael Stich. Prominente stiften mitunter auf Empfehlung ihres PR-Beraters, sagen Fachleute. Mögliches Kalkül dahinter: Wer als Stifter in die Gazetten kommt, erhöht Bekanntheitsgrad und Marktwert – und kassiert für die nächsten Werbeauftritte höhere Honorare.

Der Begriff Stiftung ist nicht geschützt. Auch eine GmbH oder ein Verein darf sich Stiftung nennen. Die meisten parteinahen Stiftungen – etwa die Konrad-Adenauer-Stiftung (CDU) oder die Rosa-Luxemburg-Stiftung (Die Linke) – sind als eingetragener Verein organisiert. Sie besitzen kein Stiftungsvermögen, sondern werden aus dem Bundeshaushalt finanziert.

BERTELSMANN-STIFTUNG

Sitz: Gütersloh. Repräsentanzen in Berlin, Brüssel, Barcelona, Washington.
Gegründet: 1977.
Besitzt rund 75 Prozent der Aktien des Bertelsmann-Konzerns (112.000 Beschäftigte, 16,6 Mrd. Euro Umsatz; zu Bertelsmann gehören Fernseh- und Radiosender wie RTL, Vox, N-TV und Radio Luxemburg und das Zeitschriften- und Online-Unternehmen Gruner + Jahr. Außerdem die internationale Verlagsgruppe Penguin Random House sowie Verlage wie Heyne, Blessing, Goldmann und DVA, das Druckerei-Unternehmen Be Printers, der Dienstleistungskonzern Arvato sowie die Abteilung „Corporate Investments“).
Themen (Auswahl): „Demokratie gestalten“, „Gesellschaft entwickeln“.
Im Kuratorium sitzen unter anderem:
Guido Westerwelle (Ex-Bundesaußenminister),

Wolfgang Schüssel (ehemaliger Bundeskanzler Österreichs),
Viviane Reding (ehemalige EU-Kommissarin für Medien und Bildung,
heute Abgeordnete im Europäischen Parlament).
Vermögen: 936 Mio. Euro (Buchwert von 2014).
Der Verkehrswert wurde 2010 auf mehr als 10 Mrd. Euro geschätzt.
Jährliche Ausgaben: 78 Mio. Euro (2014).

Zu den bedeutenden staatlichen Stiftungen gehören die Stiftung Warentest (testet Waren und Dienstleistungen), die Studienstiftung des deutschen Volkes (vergibt Stipendien an begabte Studierende) und die Kulturstiftung des Bundes (fördert Kunst, Kultur und kulturellen Austausch). Auch diese Stiftungen finanzieren sich vor allem aus Steuermitteln.

Die Volkswagen-Stiftung ist – anders, als der Name vermuten lässt – keine unternehmensnahe Stiftung, sondern staatlichen Ursprungs. Das hat historische Gründe. Es waren die Nazis, die das Volkswagenwerk gründeten. Zur Finanzierung nutzten sie das Vermögen der im NS-Staat verbotenen Gewerkschaften. In der Nachkriegszeit gehörte die Automobilfabrik dem bundesdeutschen Staat. Als Bund und Land Niedersachsen in den 1950er Jahren die Privatisierung, also den Verkauf des Unternehmens einleiteten, stritten Politik und Gewerkschaften darüber, was mit dem Erlös geschehen soll. Sie beschlossen, eine Stiftung zu errichten.[41] Heute gehört die 1961 gegründete Volkswagen-Stiftung mit einem Stiftungskapital von 2,9 Milliarden Euro zu den reichsten Stiftungen des Landes. Sie fördert vor allem Wissenschaft und Forschung.

Die großen kirchlichen Stiftungen sind oft 100 Jahre alt und älter. Auch sie leben nicht von den Erträgen ihrer Stiftungsvermögen. Sie betreiben Krankenhäuser, Behinderteneinrichtungen und Altenheime – und erhalten dafür Vergütungen der gesetzlichen Kranken- und

Pflegeversicherung. Bekanntes Beispiel: Die Stiftung Liebenau am Bodensee.

Eine bedeutende Stiftungsgruppe bilden die bundesweit 738 Stiftungen der öffentlich-rechtlichen Sparkassen. Sie halten zusammen ein Vermögen von 2,3 Milliarden Euro.[42]

Hinter den „Bürgerstiftungen" steht jeweils eine Gruppe von Bürgerinnen und Bürgern. Wie die Wuppertaler Soziologie-Professorin Ludgera Vogt berichtete, sind es vor allem lokale Honoratioren – die Ärztin, der Professor, die Tageszeitungs-Chefin, Gewerbetreibende – die sich in Bürgerstiftungen zusammenschließen.[43] Wer sich als Stifter beteiligen und mitbestimmen will, muss zumeist 500 Euro, mitunter 1.000 Euro stiften. Obwohl etliche Bürgerstiftungen Ratenzahlung anbieten – für Arbeitslose und Wenig-Verdiener liegen diese Beträge zu hoch. Sie müssen draußen bleiben.

„In der Monarchie traten wohlhabende Frauen sehr viel selbstbewusster öffentlich auf und hatten beispielsweise als Salonièren eine wichtige und anerkannte gesellschaftliche Funktion (...) Ich verstehe mich selbst mit meiner Kultur der Begegnung auch als eine moderne Salonière (...)"

Helga Breuninger, Bürgerstiftung Stuttgart, Breuninger-Stiftung, Unternehmenserbin, 2007[44]

Auch Umweltschützer und die politische Linke nutzen das Instrument der Stiftung. Zum Beispiel die 1999 von Greenpeace gegründete Umweltstiftung Greenpeace, die ihr Kapital nach ökologischen, ethischen und sozialen Merkmalen anlegen will. Die taz-Panter-Stiftung, geschaffen von Unterstützern der Berliner tageszeitung, fördert journalistische Aus- und Weiterbildung sowie ehrenamtliches Engagement. Linke Erben hoben die Bewegungsstiftung im niedersächsischen Verden aus der Taufe. Sie unterstützt Gruppen oder Vereine, die Atomkraft, Gentechnik oder das Handelsabkommen TTIP bekämpfen. Die gewerkschaftsnahe Hans-Böckler-Stiftung vergibt Stipendien an Studierende, berät Frauen und Männer in den Betriebsräten und erforscht den Arbeitsmarkt. Sie finanziert sich durch Arbeitnehmervertreter in den Aufsichtsräten von Unternehmen, die einen Teil ihrer Vergütung abgeben. Zudem erhält sie Gelder aus dem Bundeshaushalt.

Wer den Stiftungs-Dschungel lichtet, wer also Promi-Stiftungen, parteinahe Stiftungen, staatliche und kirchliche Stiftungen, Sparkassen-Stiftungen, Bürgerstiftungen und linke Stiftungen mal beiseitelässt, der steht vor einer Gruppe besonders reicher und mächtiger Stiftungen: Stiftungen, die von großen Firmen, Unternehmern oder deren Erben geschaffen wurden.

„Der Stifter kann mit der Gründung einer eigenen Stiftung sein Lebenswerk sichern und bewahren."

Hessisches Ministerium des Innern und für Sport, 2015[45]

Dr.-Reinfried-Pohl-Stiftung: Einfluss in „Pohlhausen"

Dunkle Schrankwand, gepolsterte Stühle, auf dem Tisch liegt eine weiße Spitzendecke. Das Wohnzimmer eines gutbürgerlichen Rentners? Falsch. „Hier werden Hausbesuche von Ärzten simuliert", sagt die Pädagogin Tina Stibane, 48 Jahre. Ich erfahre: Das nachgebaute Wohnzimmer gehört zu einer Einrichtung der Universität Marburg, die für mehr Praxis in der Ausbildung von Medizinern sorgen soll. Da kommt zum Beispiel eine angehende Ärztin in den Raum und trifft einen Darsteller, der einen 70-jährigen mit Herzinfarkt spielt. „Wir stellen auch Selbstmordversuche nach", ergänzt Tina Stibane, die Leiterin der Einrichtung. „Oder einen Stromunfall mit Kind." Wie die Medizinstudentin mit der Situation fertig wird, das beobachten andere Studierende vom Nachbarraum aus durch eine verspiegelte Glasscheibe.

Ich bin zu Besuch im Marburger Interdisziplinären Skills Lab, kurz MARIS. „Wir haben 20 Räume, auf 650 Quadratmetern", erklärt Tina Stibane. Im zweistöckigen Gebäude des MARIS befindet sich auch der Nachbau einer Arztpraxis, eines OP-Saals und eines Patientenzimmers. An Modellen üben die künftigen Mediziner, wie Blut entnommen wird oder wie sich der Zustand einer Gebärmutter ertasten lässt.

Das Gebäude hat sechs Millionen Euro gekostet. Bezahlt hat das die Stiftung eines Mannes, der zu den reichsten und am meisten umstrittenen Geschäftsleuten Deutschlands gehörte: Reinfried Pohl, der 2014 verstorbene Gründer und Chef der Deutschen Vermögensberatung AG (DVAG). Familie Pohl besitzt 2,0 Milliarden Euro, schätzte das „Manager Magazin" im Jahr 2015. Die DVAG gilt als Deutschlands größte Vertriebsorganisation für Finanzprodukte und Versicherungen. Rund 37.000 freiberufliche Berater sollen für das Unternehmen unterwegs sein; sie erhalten Provisionen der DVAG.

„Steinreicher Scharlatan“, nannte „Der Spiegel“ den DVAG-Chef bereits 1995. Dessen Firma bediene sich einer „Drückerkolonne“, schrieb das Hamburger Nachrichtenmagazin. Und: DVAG-Vertreter verkauften Versicherungspolicen und Bausparverträge „oft zu überhöhten Preisen.“[46] Bis heute werden Vorwürfe gegen die Firma laut. „Unsere Kanzlei vertrat in den letzten drei Jahren circa 140 DVAG-Kunden“, berichtet Rechtsanwalt Christian Grotz aus dem badischen Lahr. „Sie warfen ihrem Berater vor, sie bei Offenen Immobilienfonds falsch beraten zu haben“, so Grotz. Der Düsseldorfer Informationsdienst „kapital-markt intern“ beobachtet die DVAG seit Jahren. „Die Gewinnausschüttungen an die DVAG-Anteilseigner erreichen Rekordstände, während der Durchschnitt der Berater immer weniger verdient“, berichtete das Fachblatt im Mai 2014.

Die DVAG-Pressesprecherin erklärt dazu auf Anfrage: „Ich bitte um Ihr Verständnis, dass wir zu Meinungsäußerungen Dritter keine Stellung nehmen.“ Und: Die DVAG habe für „Kunden- und Service-Qualität (…) zahlreiche Auszeichnungen erhalten“.[47]

DR.-REINFRIED-POHL-STIFTUNG

Sitz: Marburg/Lahn.
Gegründet: 1997.
Stifter Reinfried Pohl war Gründer und Chef des umstrittenen Finanzstrukturvertriebs DVAG.
Den Stiftungsvorstand bilden die beiden Söhne Reinfried Pohls, Andreas Pohl und Reinfried Pohl junior.
Vermögen, Einnahmen und jährliche Ausgaben: keine Angaben.

Die Dr.-Reinfried-Pohl-Stiftung unterstützt nicht nur den Fachbereich Medizin der Uni am Wohnort der Pohl-Familie. Auch die

Marburger Rechtswissenschaften profitieren. „Drei Hörsäle wurden mit Unterstützung der Stiftung renoviert“, berichtet Andrea Ruppel, die Pressesprecherin der Hochschule.[48] „Für diese Bauerhaltungsmaßnahmen wären keine öffentlichen Gelder vorhanden gewesen.“ Die Fachbibliothek der Juristen erhält regelmäßig Spenden. „Ohne diese Unterstützung würde die Bibliothek in allergrößte finanzielle Bedrängnis geraten“, betont Andrea Ruppel. Mit dem Geld der Pohl-Stiftung errichtete der Fachbereich zudem eine „Forschungsstelle Finanzdienstleitungsrecht“. Von 2003 bis 2015 flossen 11,2 Millionen Euro, vor allem an die Marburger Uni. Auch eine zweite Pohl-Stiftung, benannt nach Ehefrau Anneliese Pohl, fördert in Marburg Projekte. Sie zahlte bislang rund 4,1 Millionen Euro, vor allem für medizinische Vorhaben.[49]

Als Privatmann spendete Reinfried Pohl, genannt „der Doktor“, zudem für Marburger Vereine. Die Sanierung einer öffentlichen Fußgängerbrücke zahlte er aus eigener Tasche. „Mit einer sechsstelligen Summe“, heißt es im Marburger Rathaus. Oberbürgermeister Egon Vaupel (SPD) gerät ins Schwärmen, wenn er über den langjährigen DVAG-Chef spricht. „Warmherzig, zugewandt, ein Familien-mensch.“ Und: „Für mich war er ein väterlicher Freund.“ Vaupel sagt, er wisse, dass die DVAG auch Kritiker habe. Doch das Unternehmen sei „legal, erfolgreich und hat Nachahmer gefunden“. Dr. Pohl habe seinen wirtschaftlichen Erfolg auch genutzt, „um Gutes zu tun“.[50] Doch nicht alle Marburger sind davon überzeugt, dass der Stifter Reinfried Pohl allein das Wohl seiner Heimatstadt im Sinn hatte.

Rückblick: Marburg, Anfang 2010. Der Bagger rückt an. Er zerstört das Haus Rosenstraße 9, ein denkmalgeschütztes, dreigeschossiges Wohngebäude. Die Bürgerinitiative, die sich für das Marburger Stadtbild einsetzt, hatte vergeblich für den Erhalt des Hauses geworben. „Hier wird bezahlbarer Wohnraum zerstört", protestierte Henning Köster von der Partei Die Linke. Die Rosenstraße gehört zur Marburger Nordstadt – und hier will die DVAG für rund 50 Millionen Euro bauen. Vorgesehen sind ein gläsernes Verwaltungsgebäude sowie ein großes Schulungszentrum. Die Planungen und Bauarbeiten kommen schnell voran – Lokalpolitiker der Linkspartei vermuten einen „heißen Draht" zwischen Reinfried Pohl und Marburgs Verwaltungsspitze. 2011 zieht das Finanzunternehmen ein.

Ein Jahr darauf erfährt die erstaunte Öffentlichkeit: Reinfried Pohl will der Stadt Marburg vier Millionen Euro schenken. „Ein Mann kauft eine Stadt", titelt die Berliner tageszeitung.[51] „In Marburg wurde so viel zugunsten von Pohl entschieden, nun bedankt er sich durch die Spende", vermutet Claus Schreiner von der Bürgerinitiative, die gegen den Abriss in der Rosenstraße gekämpft hat.

Pohl begann früh, prominente Ex-Politiker an die DVAG zu binden. Ex-Bundeskanzler Helmut Kohl (CDU) ist Ehrenvorsitzender im Beirat des Finanzunternehmens. Friedrich Bohl (CDU), unter Kohl Kanzleramtsminister, amtiert als Vorsitzender des Aufsichtsrats. 2007 wird Reinfried Pohl von Hessens Wissenschaftsminister Udo Corts (CDU) zum Professor ernannt – ein Jahr später wechselt Corts in den Vorstand der DVAG.[52] Dort verantwortet er heute die Öffentlichkeitsarbeit.

Ich gehe durch die Marburger Nordstadt und schaue mir an, welche städtebaulichen Spuren „der Doktor" hinterlassen hat. In der Nähe des Hauptbahnhofs, in der Bahnhofstrasse 23, befindet sich die private „Fachhochschule der Wirtschaft" (FHDW). Hier werden, gemeinsam mit der DVAG, Betriebswirte mit Spezialgebiet Finanzvertrieb ausgebildet. Das Gebäude, das Reinfried Pohl gekauft hat, beherbergte einst das Hotel „Waldecker Hof". Ich überquere die

Lahn und biege rechts ab in die „Anneliese Pohl Allee“. Vor mir liegt das neue gläserne DVAG-Verwaltungsgebäude, Sitz auch der beiden Pohl-Stiftungen. Es folgt das langgestreckte „Zentrum für Vermögensberatung“, inklusive Konferenzraum und einer Ausstellung, die Pohls „Engagement für Marburg“ dokumentieren soll. Wer Lust hat, kann wenige Meter weiter im DVAG-eigenen „Café Rosenpark“ einkehren. Vor dem Café entdecke ich einen Kübel. Darin wächst, gut 60 Zentimeter hoch, die „Anneliese Pohl-Rose“, wie ein Schild vermerkt. Rechts führt die mit Pohl-Geldern sanierte Fußgängerbrücke über die Lahn. Geradeaus befindet sich das Fünf-Sterne-Hotel „Vila Vita Rosenpark“, ebenfalls im DVAG-Besitz.[53] „Pohlhausen“, nennen Spötter das Viertel.

Haben Pohls Spenden und die beiden Pohl-Stiftungen dazu beigetragen, den Einfluss Pohls in Marburg zu erhöhen? Sodass die Stadt grünes Licht auch für umstrittene Bauprojekte der DVAG gab? Oberbürgermeister Egon Vaupel widerspricht: „Ich habe niemals ein Gespräch mit Dr. Pohl geführt, in dem er eine Spende mit einem Koppelgeschäft in Verbindung gesetzt hat.“ Ich wende mich an die Dr.-Reinfried-Pohl-Stiftung. Von ihr will ich zudem wissen, wie hoch das Stiftungsvermögen der beiden Pohl-Stiftungen ist. Und wie viel die DVAG und DVAG-Berater jeweils an beide Stiftungen spendeten. Als Antwort schickt mir die Stiftungs-Geschäftsführung eine E-Mail, die lediglich allgemeine Informationen zu den beiden Marburger Stiftungen enthält. Man bitte um Verständnis, heißt es in der E-Mail, „dass wir, da es sich um zwei Privatstiftungen handelt, darüber hinaus keine Informationen zur Verfügung stellen“.[54]

STIFTER
SPORT
SCHULE
MEDI-
ZIN
KOMMU-
NAL-
POLITIK
KUNST
WISSEN-
SCHAFT
LYONN REDD

„Die großen Stifter": Porträt eines Faschisten

Er war Faschist? Außerdem Gesetzesbrecher? Egal. Der Mann gründete schließlich eine gemeinnützige Stiftung – und so gebührt ihm ein ehrendes Andenken. So etwa scheinen die Verantwortlichen des Siedler-Verlags gedacht zu haben, als sie 1997 ein Porträt des Spaniers Juan March Ordinas in ihren Sammelband „Die großen Stifter" aufnahmen. Der Siedler-Verlag gehört zum Bertelsmann-Konzern.

Geboren 1880 auf Mallorca, arbeitete Juan March zunächst als Schweinehirt. Dann begann er, den Grundstock seines Vermögens zu legen. Mit Tabakschmuggel – „einer zwar nicht legalen, aber damals auf Mallorca keineswegs übelbeleumundeten Tätigkeit", schreibt augenzwinkernd der Autor Walter Haubrich. Bald drehte March als Verbrecher ein großes Rad – er schmuggelte Zigaretten, die er in Algerien produzieren ließ, außerdem Tabak von den Kanarischen Inseln und aus Kuba. Später gelang es March, das Tabakmonopol für Marokko zu erwerben.[55]

Juan March wurde Bankier und schwerreicher Geschäftsmann – und zahlte ein Vermögen, um den Putsch Francos gegen die Spanische Republik zu unterstützen. „March rüstete die Putschisten mit einer Luftwaffe aus, er kaufte zahlreiche Flugzeuge im faschistischen Italien und Waffen im nationalsozialistischen Deutschland", schreibt Haubrich. Während der anschließenden Diktatur gab er den Wohltäter. 1955 gründete er die „Fundación Juan March", sie galt als „größte spanische Stiftung zur Förderung junger Wissenschaftler und Künstler". Der Stifter gab sich ganz bescheiden. „Ich will der Gesellschaft zurückgeben, was die Gesellschaft mir gegeben hat", habe March gesagt.

Ein Foto im Sammelband zeigt March als älteren jovialen Herrn im Anzug. Darunter steht der Satz: „Die soignierte Erscheinung des Juan March Ordinas läßt nichts mehr von seinen abenteuerlichen Anfängen erkennen." Heute fördert die „Fundación Juan March" mit Sitz in Madrid Ausstellungen, Vorlesungen und Seminare. Zur Stiftung gehört ein Museum in Palma de Mallorca, ein Museum im zentralspanischen Cuenca und eine Forschungseinrichtung an der Carlos-III-Universität in Madrid.[56]

Klein-Stiftungen: Brachliegendes Kapital

„Schwerreich, mit eigener Repräsentanz in der Hauptstadt? Aber wir doch nicht!" Wenn ein Stiftungsvorstand so spricht, hat er zumeist Recht. 46 Prozent aller Stiftungen besitzen ein Stiftungskapital in Höhe von lediglich einer Million Euro oder weniger. 26,4 Prozent aller Stiftungen kommen auf höchstens 100.000 Euro.[57] Und dass deren Kapital sinnvoll angelegt ist, wird inzwischen selbst von Teilen der Stiftungsszene bezweifelt.

„Der Stiftungsboom der letzten Jahre hat in erster Linie zur Gründung von unterkapitalisierten Stiftungen geführt", schreiben die beiden Juristen Rainer Hüttemann und Peter Rawert mit Blick auf die anhaltende Niedrigzins-Phase.[58] Deren Erträge reichten nicht aus, um ihnen ein nachhaltiges Tätigwerden zu ermöglichen, so die beiden Stiftungsexperten. Das Stiftungskapital liegt also weitgehend brach, die Gesellschaft hat kaum Nutzen von dem „auf ewig" investierten Vermögen.

Hans Fleisch vom Bundesverbandes Deutscher Stiftungen hält dem entgegen: Auch einer Klein-Stiftung kann es gelingen, „eine sofortige, anfassbare gesellschaftliche Wirkung“ zu erzielen. Wenn sie kommunal, auf möglichst kleinem Raum, tätig ist. Wenn Stifter und Mitstreiter gut vernetzt sind. Wenn es ihr gelingt, Spenden einzusammeln. Fleisch verweist zudem auf die 2013 verbesserten rechtlichen Voraussetzungen, um Zustiftungen zu leisten. Große Stiftungen können somit das Vermögen von kleinen Stiftungen aufstocken.[59]

Stiftungsexperte Peter Rawert bleibt skeptisch. „Der Traum von der großen Zustiftung geht meist nicht in Erfüllung“, erklärt Rawert.[60] Eine Studie im Auftrag der Robert-Bosch-Stiftung veröffentlichte denn auch 2014 folgenden Vorschlag: „Eine neue, gesetzliche Kapitaluntergrenze für die Errichtung von Stiftungen wird auf drei Millionen Euro festgelegt.“[61]

„Der im Laufe der Geschichte der Bundesrepublik wachsenden Entmachtung durch die Zunft der Berufspolitiker setzen Bürgerinnen und Bürger zunehmend eine eigenverantwortliche bürgerschaftliche Mitgestaltung des öffentlichen Raumes entgegen, die (...) nicht zuletzt im Stiftungsboom ihren Ausdruck findet."

Hans Fleisch,
Generalsekretär des Bundesverbandes Deutscher Stiftungen, 2010[62]

Banken lieben Stiftungen

Auf meinem Schreibtisch liegt Heft 1/2015 der „StiftungsWelt“, herausgegeben vom Bundesverband Deutscher Stiftungen. Eine 90-Seiten-Publikation mit reichlich Werbung, vor allem von Banken. „Die Basis für eine erfolgreiche Stiftung: Zeit für ein Gespräch.“ So präsentiert sich die Weberbank, eine Berliner Privatbank. Mit einer „nachhaltigen Basisanlage für Stiftungen“ will ein Ableger der Schweizer Privatbank Notenstein punkten. Auch die von Anthroposophen gegründete GLS Bank in Bochum und die Evangelische Bank in Kassel schalteten Anzeigen. Ich lese, dass sich gleich acht Banken und Finanzhäuser „Premiumpartner“ des Bundesverbandes Deutscher Stiftungen nennen. Dazu zählen die Deutsche Bank und deren Tochter Sal. Oppenheim. „Premiumpartner“ sind Fördermitglieder im Bundesverband, mitunter treten sie auch als Sponsoren des Bundesverbandes auf.

Die Deutsche Bank betreibt mit der Deutschen StiftungsTrust GmbH sogar eine eigene Tochtergesellschaft, die im Kundenauftrag Stiftungen gründet und verwaltet.[63] Auch die Commerzbank, die Münchner Privatbank Merck Finck & Co und viele Sparkassen bieten Dienstleistungen für Stifter an.

Warum Banker Stifter umwerben, liegt für Rupert Graf Strachwitz auf der Hand. „Stifter sind die bequemsten Kunden“, sagt der Berliner Stiftungsforscher. „Sie meckern nicht, sie gehen nicht so schnell wieder weg.“ Und die Bank kann mit dem Stiftungskapital in aller Ruhe arbeiten – die Stiftung darf das Kapital ja nicht angreifen.

„Bereits seit 1870 begleitet die Deutsche Bank ihre Kunden bei der Konzeption und der Verwaltung von Stiftungen (...)"

Werbeanzeige der Deutschen Bank, 2014[64]

„Stiftungen sind ein unverzichtbarer Bestandteil unserer Gesellschaft."

Commerzbank AG, 2013[65]

Noch mehr Einfluss für Reiche durch „Sozialkapital"

Angenommen, ein mittelständischer Unternehmer aus der Papierbranche gründet eine gemeinnützige Stiftung. Die hat zum Zweck, begabte Schülerinnen und Schüler zu unterstützen sowie Kunst und Kultur zu fördern. Schon bald lernt der Stifter Menschen kennen, denen er bislang eher selten begegnet ist: eine Schulleiterin, die Landrätin, den bildungspolitischen Sprecher einer großen Fraktion im Stadtrat. Nicht zu vergessen die Leiterin der städtischen Kunsthalle und vier bildende Künstler. Sie alle hoffen auf Fördermittel – und sind entsprechend freundlich, wenn unser Stifter erscheint. Mit einem Wort: Das soziale Netzwerk des Unternehmers hat sich vergrößert. Der Stiftungsexperte Frank Adloff drückt es so aus: Durch Stiftungen könne es Wirtschaftseliten gelingen, „die Grenze zum Politischen, Gesellschaftlichen, Kulturellen, Wissenschaftlichen und so weiter zu überbrücken und auf diese Bereiche auszustrahlen".[66]

Je größer das soziale Netzwerk, desto größer sind auch Macht und Einfluss. Darauf verwies bereits einer der weltweit bekanntesten Soziologen – der 2002 verstorbene Franzose Pierre Bourdieu. Der Professor, der in Paris, Lille und Princeton wirkte, sprach von „Sozialkapital". Der Umfang des Sozialkapitals sei, so Bourdieu, von zwei Größen abhängig: Zum einen „von der Ausdehnung des Netzes von Beziehungen". Zum anderen vom Umfang des Kapitals, das diejenigen besitzen, mit denen der einzelne in Beziehung stehe. Laut Bourdieu „übt das Sozialkapital einen Multiplikatoreffekt auf das tatsächlich verfügbare Kapital aus".[67] „Die meisten Stifter", fasst Professor Adloff zusammen, „verfügen über große soziale Netzwerke beziehungsweise Sozialkapital, und es vergrößert sich über die Dauer der Stiftungsarbeit kontinuierlich."

„Nehmen wir das Beispiel Polen. Da stellen wir heute fest, dass der jetzige polnische Botschafter in Deutschland, der künftige Leiter des deutschen Polen-Instituts in Berlin und der Direktor des Zentrums für Historische Forschung der Polnischen Akademie der Wissenschaften in Berlin Personen sind, die irgendwann einmal von der Bosch-Stiftung gefördert worden sind."

Dieter Berg,
damals Vorsitzender der Geschäftsführung der Robert-Bosch-Stiftung, 2007[68]

Kühne-Stiftung: Ein Logistik-Milliardär lässt Logistik-Fachkräfte ausbilden

„Hamburger Senat ehrt Unternehmer Klaus-Michael Kühne." „Kühne will Olympiapläne finanziell unterstützen." „Kühne stellt HSV Millionen in Aussicht."[69] Schlagzeilen wie diese belegen: In seiner Heimatstadt Hamburg spielt Milliardär Klaus-Michael Kühne eine gewichtige Rolle – als Investor, Stifter und als großzügiger Unterstützer des Hamburger SV. Doch ein längerer Aufenthalt in Hamburg ist Kühne laut eines Presseberichts untersagt. Auch „die kleinsten Anzeichen eines Zweitwohnsitzes in Hamburg" müsse er vermeiden, schrieb „Spiegel Online" im April 2011.[70] Andernfalls bestehe die Gefahr, „dass Kühne wieder in Deutschland steuerpflichtig wird". Oh je!

Professor Dr. h.c. Klaus-Michael Kühne, Jahrgang 1937, lebt steuersparend in der Schweiz.[71] Und das seit vielen Jahren. Kühnes Vermögen wird vom „Manager Magazin" im Jahr 2015 auf 7,9 Milliarden Euro geschätzt. Der hochgewachsene Herr ist Mehrheitsaktionär des ebenfalls in der Schweiz ansässigen Logistikkonzerns Kühne und Nagel International AG (63.000 Mitarbeiter, Umsatz: 21 Milliarden Schweizer Franken).[72] Kühne und Nagel gilt als eines der weltweit größten Speditions- und Transportunternehmen (LKW, Bahn, See- und Luftfracht). Und noch eine Institution finden wir in der Schweiz: Die gemeinnützige Kühne-Stiftung. Sie verfügt nach eigenen Angaben über „beträchtliches Vermögen" – wie viel, steht nicht auf der stiftungseigenen Homepage. Laut Unternehmens-Geschäftsbericht 2014 hält die Kühne-Stiftung 4,4 Prozent der Aktien an der Kühne und Nagel International AG.[73]

KÜHNE-STIFTUNG

Sitz: Schindellegi bei Zürich/Schweiz.
Gegründet: 1976.
Fördert Aus- und Weiterbildung, Wissenschaft und Forschung „auf den Gebieten der Verkehrswissenschaft und Logistik", außerdem medizinische, karitative und kirchliche Vorhaben.
Vermögen: keine Angaben.
Jährliche Ausgaben: 21,7 Mio. Schweizer Franken („Fördersumme" in 2014)

Und was fördert die gemeinnützige Stiftung des Logistik-Milliardärs? Es sind auffallend viele Logistik-Projekte:[74]

» Kühne Logistics University (KLU), eine private Hochschule für Logistik und Unternehmensführung in der Hamburger HafenCity.
» Zentrum für internationale Logistiknetzwerke an der Technischen Universität (TU) Berlin.
» Kühne-Institut für Logistikmanagement an der privaten Hochschule WHU-Otto Beisheim School of Management in Vallendar bei Koblenz.
» private Hochschule für Internationale Wirtschaft & Logistik in Bremen.
» Lehrstuhl für Logistikmanagement an der Eidgenössischen Technischen Hochschule (ETH) in Zürich.
» Lehrstuhl „International Logistics Networks and Services" an der Tongji-Universität in Shanghai/China.
» Seminare für osteuropäische Fachjournalisten „zur Vermittlung von westlichem Logistik- und Infrastrukturwissen".
» Schriftenreihe Logistik.

Dazu passt, dass sich der Stiftungs-Jahresbericht 2012 stellenweise liest wie ein Logistikbranchenreport. „Rund 2,8 Millionen

Beschäftigte allein in Deutschland stellen den Waren- und Informationsfluss in Lieferketten sicher", heißt es auf Seite 9. Und weiter: „(...) der Ausbildungs- und Forschungsbedarf in der Logistik steigt zunehmend." Da kommt der Verdacht auf, dass die gemeinnützige Stiftung vor allem einem Zweck dient: Fachpersonal ausbilden, und zwar für Kühne und Nagel.

Dem widerspricht Professor Marc Gottschald, Hauptgeschäftsführer der Kühne-Stiftung. Er rechnet vor: 2014 gab die Kühne-Stiftung 21,7 Millionen Schweizer Franken für Fördervorhaben aus. Im selben Jahr zahlte eine zweite Stiftung, die vor allem in Hamburg tätige Klaus-Michael-Kühne-Stiftung, 1,2 Millionen Euro, zumeist für Wissenschaft und Kultur. Gottschald erklärt, dass 2014 lediglich 54 Prozent der Förderausgaben beider Stiftungen in den Bereich Logistik flossen. Die Kühne-Stiftung verfolge das Ziel, „die Logistik als Fachrichtung weiter zu entwickeln" und die „von ihr unterstützten Bildungseinrichtungen untereinander zu vernetzen". Deren Forschungsergebnisse seien „selbstverständlich der Allgemeinheit in vollen Umfang zugänglich". Insoweit, so Professor Gottschald, „profitiert die gesamte Logistik".[75]

Die Kühne-Stiftung ist nach Schweizer Recht als gemeinnützig anerkannt. Doch auch nach deutschem Recht wäre die Stiftung nicht angreifbar. Deren Förderpolitik sei „kein Problem", urteilt die Stiftungsrechtlerin Professor Birgit Weitemeyer. Weil die geförderten Hochschuleinrichtungen den Studierenden ja nicht vorschrieben, „dass sie verpflichtet sind, hinterher bei Kühne und Nagel zu arbeiten". Was die Stiftung fördere, komme auch anderen Logistikunternehmen zugute. Nutznießer seien außerdem Wissenschaft und Bildung, betont Weitemeyer. „Und das akzeptieren wir im deutschen Recht."

KÜHNE LOGISTIK
KÜHNE STIFTUNG
LYONN REDD

1 Johannes Fiala und Uwe Dörnbrack, Steuern sparen mit legaler Unternehmensstiftung, veröffentlicht am 4.März 2009; http://www.maschinenmarkt.vogel.de/themenkanaele/managementundit/recht/articles/173176/; aufgerufen am 20. Juli 2015.

2 http://data.foundationcenter.org/#/foundations/all/nationwide/top:assets/list/2013; aufgerufen am 8. September 2015.

3 https://www.youtube.com/watch?v=wgNuSEZ8CDw; aufgerufen am 28. August 2015 (Zitat bei ca. 6'30'').

4 https://www.bcgperspectives.com/content/articles/financial-institutions-growth-global-wealth-2015-winning-the-growth-game/?chapter=2#chapter2_section2; aufgerufen am 25. August 2015.

5 http://www.boeckler.de/hbs_showpicture.htm?id=53409&chunk=1 ; aufgerufen am 28.8.2015.

6 Shape the Future. Zukunft des Stiftens, Studie von Roland Berger Strategy Consultants, im Auftrag der Robert-Bosch-Stiftung, Stuttgart, 2014, Seite 64.

7 Joachim Fest (Hrsg.), Die großen Stifter. Lebensbilder – Zeitbilder, Berlin 1997, Seiten 7ff.

8 „Stiften wirkt!", in: Stiftertag in Berlin, Sonderveröffentlichung der Anzeigenabteilung, DIE ZEIT, 14.9.2006, Seite 1.

9 http://www.familienunternehmen.de/de/pressebereich; aufgerufen am 2. Juli 2015.

10 http://www.familienunternehmen.de/de/aktuelle-themen/unternehmensstrafrecht; aufgerufen am 10. August 2015.

11 Markus Grabitz, Abgeordnete: Steuerprivileg von Lobbygruppen streichen, Stuttgarter Nachrichten/ Online-Ausgabe am 31.8.2015; aufgerufen am 3. September 2015.

12 http://www.hennerkes.de/buero/zielgruppe_familienunternehmen; aufgerufen am 19. Mai 2015.

13 Brun-Hagen Hennerkes am 26. Mai 2015 per E-Mail an den Autor.

14 http://www.hennerkes.de/rechtsanwaelte/hennerkes; aufgerufen am 27.Juli 2015.

15 http://www.hennerkes.de/rechtsanwaelte/kirchdoerfer; aufgerufen am 27.Juli 2015.

16 http://www.wifu.de/institut/kooperationspartner/praxis/; aufgerufen am 27.Juli 2015.

17 http://www.stiftungen.org/index.php?id=992&tx_leonhardtdyncontent_pi1%5Bid%5D=1397; aufgerufen am 1. August 2015.

18 Bundesministerium der Finanzen, Anwendungsschreiben zum §10b EStG vom 18.Dezember 2008; zu finden unter: http://www.stiftungen.org/fileadmin/bvds/de/Mitglieder/Mitgliederlogin/Formulare_und_Muster/Anwendungsschreiben_20zu_20_2010b_20EStG.pdf; aufgerufen am 5. Juni 2015.

19 Christian Rickens, Ganz oben. Wie Deutschlands Millionäre wirklich leben, Köln 2011, Seite 92

20 Bundesministerium der Finanzen, Anwendungsschreiben zum §10b EStG vom 18.Dezember 2008; zu finden unter: http://www.stiftungen.org/fileadmin/bvds/de/Mitglieder/Mitgliederlogin/Formulare_und_Muster/Anwendungsschreiben_20zu_20_2010b_20EStG.pdf; aufgerufen am 5. Juni 2015.

21 Marco Semmelmann, Pressesprecher des Bundesministeriums der Finanzen, am 9. Juni 2015 per E-Mail an den Autor.

22 Entwurf eines Gesetzes zur weiteren Stärkung des bürgerschaftlichen Engagements, Deutscher Bundestag, Drucksache 16/5200 vom 3. Mai 2007.

23 Harald Schumann, Macht ohne Mandat, in: Der Tagesspiegel, 24.September 2006. Der Autor Thomas Schuler schätzt: Als Reinhard Mohn 2009 starb, sparte die Familie Mohn durch die Stiftung 4,62 Milliarden Euro Erbschaftsteuer. Nachzulesen in: Thomas Schuler, Bertelsmann Republik Deutschland, Frankfurt am Main/ 2010, Seite 223.

24 Joel L. Fleishman, The Foundation. A Great American Secret, New York, 2007, Seite 254.

25 Landtag von Baden-Württemberg, Drucksache 14/1777 vom 26. September 2007

26 Frank Adloff, Philanthropisches Handeln. Eine historische Soziologie des Stiftens in Deutschland und den USA, Frankfurt am Main, 2010, Seite 138.

27 Regine Solibakke, Pressereferentin der Krupp-Stiftung, am 6. Juli 2015 per E-Mail an den Autor.

28 http://www.johanniter.de/die-johanniter/johanniter-unfall-hilfe/juh-vor-ort/landesverband-nrw/rv-oestliches-ruhrgebiet/kinder-und-jugendcafe/; aufgerufen am 12. Oktober 2015.

29 Die Deutsche Annington hat nach der Übernahme angekündigt, künftig den Namen „Vonovia" zu führen.

30 http://www.deutsche-annington.com/de/pressemitteilung/da_web_pressemitteilung_de_538872.html; aufgerufen am 15. Juli 2015.

31 http://www.deutsche-annington-stiftung.de/de/aktuelles/presse_705291.html?year=2015&epp=5; aufgerufen am 15. Juli 2015.

32 https://de-de.facebook.com/Annington; aufgerufen am 15. Juli 2015.

33 Mieterforum Ruhr, „Die Mieter sind nicht die Melkkühe der Vonovia!", Pressemitteilung vom 24. April 2015.

34 L. Heiny/ Mathew D. Rose, H.-M. Tillack, Die Miet-Hai AG, in: stern, 27.August 2014; http://www.stern.de/wirtschaft/immobilien/deutsche-annington-die-miet-hai-ag-3614690.html; aufgerufen am 12. August 2015.

35 Nina Henckel. Leiterin Presse der Deutschen Annington Immobilien SE, per E-Mail mit Datum vom 23. Juli 2015 an den Autor.

36 http://www.deutsche-annington-stiftung.de/de/standardbeitrag/Die-Stiftung_715075.html; aufgerufen am 15. Juli 2015.

37 Sarah Grimhardt, Referentin Unternehmenskommunikation der Deutschen Annington Immobilien SE, per E-Mail mit Datum vom 22. Juli 2015 an den Autor.

38 http://www.deutsche-annington-stiftung.de/de/standardbeitrag/Antrag_704829.html; aufgerufen am 15. Juli 2015

39 http://www.tag-der-stiftungen.de/de/presse/pressemitteilungen/pressemitteilungen-2013.html; aufgerufen am 1. August 2015.

40 Frank Adloff, Philanthropisches Handeln, Seite 119.

41 https://www.volkswagenstiftung.de/stiftung/geschichte.html; aufgerufen am 18. August 2015.

42 http://www.sparkassenstiftungen.de/sparkassenstiftungen/zahlen-fakten/; aufgerufen am 27. Juli 2015.

43 Andreas Dörner, Ludgera Vogt, Das Geflecht aktiver Bürger. „Kohlen" – eine Stadtstudie zur Zivilgesellschaft im Ruhrgebiet, Wiesbaden, 2008; http://www.soziologie-mikro.uni-wuppertal.de/fileadmin/_migrated/content_uploads/DFG-Projekt_Das_Geflecht_aktiver_Buerger_01.pdf; aufgerufen am 30. Juni 2015.

44 Interview mit Helga Breuninger in: Bundesverband Deutscher Stiftungen, Stiftungsreport 2007, Berlin 2007, Seite 121.

45 https://innen.hessen.de/buerger-staat/stiftungen; aufgerufen am 12. September 2015.

46 Steinreicher Scharlatan, Der Spiegel, Nr.23/1995.

47 Maria Lehmann, Leiterin Corporate Affairs der DVAG, per E-Mail mit Datum vom 18. Juni 2015 an den Autor.

48 Andrea Ruppel, Pressesprecherin der Universität Marburg, per E-Mail mit Datum vom 28. April 2015 an den Autor.

49 Andrea Ruppel, Pressesprecherin der Universität Marburg, per E-Mail mit Datum vom 28. April 2015 an den Autor.

50 Egon Vaupel am 30. April 2015 im Interview mit dem Autor.

51 Timo Reuter, Ein Mann kauft eine Stadt, taz, 18. Februar 2012.

52 http://www.dvag-presseservice.de/wp-content/uploads/downloads/2010/08/BILD_05_03_20081.pdf; aufgerufen am 10. August 2015.

53 http://www.gastro-marburg.de/; http://www.vilavitahotels.com/de/ueber-uns/geschichte.html; aufgerufen am 10. August 2015.

54 Arzu Kurt, Geschäftsleitung der Dr-Reinfried-Pohl-Stiftung, per E-Mail mit Datum vom 18. Juni 2015 an den Autor.

55 Walter Haubrich, Juan March, in: Joachim Fest (Hrsg.), Die großen Stifter. Seiten 407ff.

56 http://www.march.es/informacion/?l=2; aufgerufen am 25. Juli 2015.

57 http://www.stiftungen.org/fileadmin/bvds/de/Forschung_und_Statistik/Statistik_2014/Stiftungen_und_Stiftungskapital_I.pdf ; aufgerufen am 13. Mai 2015.

58 Rainer Hüttemann/Peter Rawert, Die notleidende Stiftung, in: ZIP - Zeitschrift für Wirtschaftsrecht, 2013, Heft 45; zitiert nach: Shape the Future. Zukunft des Stiftens, Studie von Roland Berger Strategy Consultants, im Auftrag der Robert-Bosch-Stiftung, Stuttgart, 2014, Seite 64.

59 Hans Fleisch, Erfolgreich mit immateriellem Kapital. Ein Plädoyer für kleine Stiftungen, in: StiftungsWelt 2/2014. Das Magazin des Bundesverbandes Deutscher Stiftungen, Seite 10ff.

60 „Nicht jede kleine Stiftung entbehrt einer Existenzgrundlage". Interview mit Professor Dr. Peter Rawert und Professor Dr. Rainer Hüttemann, in: StiftungsWelt 2/2014. Das Magazin des Bundesverbandes Deutscher Stiftungen, Seite 17.

61 Shape the Future. Zukunft des Stiftens, Studie von Roland Berger Strategy Consultants, im Auftrag der Robert-Bosch-Stiftung, Stuttgart, 2014, Seite 74.

62 http://www.die-stiftung.de/archiv/jahrgang-2010/sonderausgabe-familienunternehmen-stiftung/engagierte-buergerlichkeit.html, aufgerufen am 13. Mai 2011.

63 https://www.deutsche-bank.de/medien/de/content/presse_informationen_2006_3244.htm?dbiquery=null%3AStiftung; aufgerufen am 13. August 2015.

64 Werbeanzeige der Deutschen Bank, in: Bundesverband Deutscher Stiftungen (Hrsg.), Die Grundsätze guter Stiftungspraxis, Berlin 2014.

65 Commerzbank AG, Broschüre „Geben Sie Ihrem Vermögen einen neuen Sinn. Das Stiftungsmanagement der Commerzbank", Frankfurt am Main, Dezember 2013, Seite 2.

66 Frank Adloff, Philanthropisches Handeln, Seite 369.

67 Pierre Bourdieu, Ökonomisches Kapital, kulturelles Kapital, soziales Kapital, in: Reinhard Kreckel (Hrsg.), Soziale Ungleichheiten, Göttingen 1983, Seite 191.

68 Bundesverband Deutscher Stiftungen, Stiftungsreport 2007, Berlin 2007, S.158.

69 http://www.welt.de/themen/klaus-michael-kuehne/; aufgerufen am 13. Juli 2015.

70 Christian Rickens, Warum Deutschlands Reiche immer reicher werden, Spiegel Online, 11. April 2011.

71 http://www.logistikhalloffame.de/mitglieder/klaus-michael-kuehne; aufgerufen am 10. August 2015.

72 http://www.kn-portal.com/fileadmin/user_upload/documents/about_us/Investor_Relations/documents/2014/annual_report/en/Annual_Report_2014_English.pdf; aufgerufen am 10. August 2015.

73 http://www.kn-portal.com/fileadmin/user_upload/documents/about_us/Investor_Relations/documents/2013/annual_report/de/2013/bericht-des-verwaltungsrats.html; aufgerufen am 19.3.1215

74 http://www.kuehne-stiftung.org/index.php?id=5013; aufgerufen am 14. September 2015.

75 Marc Gottschald, Hauptgeschäftsführer der Kühne-Stiftung, per E-Mail mit Datum vom 10. September 2015 an den Autor.

2. Wie Politiker und Stiftungslobbyisten den Stiftungsboom schufen

Kurze Chronik

Stiftungen existieren in Deutschland seit mehr als tausend Jahren. „Älteste Stiftung Hamburgs“ nennt sich das Hospital zum Heiligen Geist. Deren Wurzeln gehen bis ins Jahr 1227 zurück, heute betreibt die Stiftung vor allem Senioreneinrichtungen.[1] Die älteste Stiftung Sachsen-Anhalts erblickte vermutlich im Jahr 1151 das Licht der Welt.[2] Ob Mittelalter, Kaiserzeit oder nach dem Zweiten Weltkrieg – Stiftungen, vor allem kirchlich geprägte, gehörten einfach dazu. Ein radikaler Wandel, der Beginn eines beispiellosen Stiftungs-Booms, zeichnete sich erst in den späten 1990er Jahren ab.

1996: Internationales Stiftungssymposium der Bertelsmann-Stiftung in Gütersloh.[3] In Gütersloh entsteht nach US-amerikanischem Vorbild die erste „Bürgerstiftung“ auf Betreiben der Bertelsmann-Stiftung.[4]

1997: Die Bundestagsfraktion von Bündnis 90/Die Grünen startet eine Initiative für ein „Gesetz zur Förderung des Stiftungswesens“.[5] In Berlin entsteht eine Denkfabrik, die sich mit Stiftungen und Gemeinnützigkeit beschäftigt: Das „Maecenata Institut für Philanthropie und Zivilgesellschaft“.[6]

1998: „Expertenkommission zur Reform des Stiftungs- und Gemeinnützigkeitsrechts“, initiiert von der Bertelsmann-Stiftung und weiteren Stiftungsfachleuten. Die Bertelsmann-Stiftung veranstaltet das Symposium „Die Zukunft des Stiftungswesens in einer freien Gesellschaft“.[7]

1999: Die Krupp-Stiftung erwirbt in Berlin eine Villa, die sie dem Bundesverband Deutscher Stiftungen mietfrei überlässt.[8] Die Bertelsmann-Stiftung gründet mit der US-amerikanischen Charles Stewart Mott Foundation, geschaffen von einem Mitbegründer des Automobilkonzerns General Motors, ein internationales Netzwerk für „Bürgerstiftungen".[9]

2000: Die rot-grüne Bundesregierung unter Gerhard Schröder (SPD) verabschiedet das „Gesetz zur weiteren steuerlichen Förderung von Stiftungen".[10] Wer stiftet, kann fortan bis zu 307.000 Euro steuerlich geltend machen. Das „Gesetz zur Senkung der Steuersätze und zur Reform der Unternehmensbesteuerung" hat unter anderem zur Folge, dass große Unternehmen bei der Körperschaftsteuer Milliarden einsparen.[11] Laut Gesetzentwurf entgehen den Kommunen dadurch bis 2004 geschätzte 12 Milliarden Euro Steuereinnahmen.[12] Die ZEIT-Stiftung Ebelin und Gerd Bucerius gründet in Hamburg die „Bucerius Law School", die erste private Hochschule für Rechtswissenschaften in Deutschland. Die „Bucerius Law School" unterhält ein Institut für Stiftungsrecht, das von der Deutschen Bank maßgeblich gefördert wird.[13] Viele Absolventen arbeiten anschließend für Stiftungen.

2001: Bertelsmann-Stiftung, Ford Foundation und Charles Stewart Mott Foundation und andere initiieren das „International Network on Strategic Philanthropy". Das Netzwerk zielt unter anderem darauf, den Stiftungssektor zu professionalisieren.[14]

2002: Enquete-Kommission des Bundestags „Bürgerschaftliches Engagement: auf dem Weg in eine zukunftsfähige Bürgergesellschaft". Die rot-grüne Bundesregierung verabschiedet das „Gesetz zur Modernisierung des Stiftungsrechts".[15] Die Bundesländer beginnen, ihre Landes-Stiftungsgesetze zu reformieren.[16]

2003: Die Gemeinnützige Hertie-Stiftung gründet die „Hertie School of Governance“ in Berlin.[17] Die private Hochschule bildet Führungspersonal aus, für den öffentlichen Sektor, für die Privatwirtschaft und die „Zivilgesellschaft“.

2005: Der Bundesverband Deutscher Stiftungen verlegt seine Geschäftsstelle in die Mauerstrasse 93, Berlin-Mitte („Haus Deutscher Stiftungen“).[18] Der Spitzensteuersatz bei der Einkommensteuer sinkt auf 42 Prozent – 1999 lag er noch bei 53 Prozent.[19]

2006: In Heidelberg wird die Denkfabrik „Centrum für soziale Investitionen und Innovationen“ (CSI) gegründet, als Einrichtung der Universität Heidelberg.[20] Das CSI zielt darauf, „die Leistungsfähigkeit von Non-Profit-Organisationen und Stiftungen zu erhöhen“. Zu den Geldgebern gehören Robert-Bosch-Stiftung, Fritz-Thyssen-Stiftung, Manfred-Lautenschläger-Stiftung, Deutsche-Bank-Stiftung und Gemeinnützige Hertie-Stiftung.[21]

2007: Die schwarz-rote Bundesregierung, geführt von Angela Merkel (CDU), verabschiedet das „Gesetz zur weiteren Stärkung des bürgerschaftlichen Engagements“.[22] Es erlaubt Stiftern, künftig bis zu einer Million Euro steuermindernd geltend zu machen. Der „Parlamentarische Beirat“ des Bundesverbandes Deutscher Stiftungen konstituiert sich in Berlin. Dem „Parlamentarischen Beirat“ gehören heute 29 Abgeordnete des Deutschen Bundestags an, darunter Volker Beck (Bündnis 90/Die Grünen), Edelgard Bulmahn (SPD) und Gerda Hasselfeldt (CSU). Abgeordnete der Links-Partei sind nicht vertreten. Die Mitglieder des Beirats „engagieren sich ehrenamtlich für das deutsche Stiftungswesen“.[23]

2009: Unter Bundeskanzlerin Angela Merkel wird das „Wachstumsbeschleunigungsgesetz“ verabschiedet.[24] Laut Gesetzentwurf muss der Staat damit rechnen, dass ihm sechs bis neun Milliarden Euro pro Jahr an Steuereinnahmen entgehen, davon entfallen rund 1,6 Milliarden Euro auf die Kommunen.[25] Die Abgeltungsteuer tritt in Kraft: Kapitalerträge (Zinsen, Dividenden, u.a.) werden nur noch mit einem pauschalen Steuersatz von 25 Prozent versteuert, hinzu kommt der Solidaritätszuschlag.[26] Davon profitieren vor allem Steuerpflichtige mit hohem Einkommensteuersatz.

2012: Die Robert-Bosch-Stiftung eröffnet eine Repräsentanz in Berlin.

2013: Das „Gesetz zur Stärkung des Ehrenamts" tritt in Kraft – und verschafft dem Stiftungswesen weitere Vorteile.[27] So haben fortan auch Stiftungen das Recht zu stiften. Großstiftungen dürfen kleine Stiftungen mit Kapital ausstatten.[28]

2014: Die Zahl der Stiftungen bürgerlichen Rechts klettert auf die neue Rekordmarke von 20.784.[29]

2015: Der Bundesverband Deutscher Stiftungen veranstaltet den „European Day of Foundations and Donors" in Deutschland. Ein Aktionstag, an dem 24 Stiftungsverbände aus ganz Europa beteiligt sind. Er zielt darauf, „die Wertschätzung für gemeinnützige Stiftungen weiter zu steigern".[30] Professor Hans Fleisch vom Bundesverband Deutscher Stiftungen erhält das Bundesverdienstkreuz.

„In weiten Teilen von Kunst und Kultur, Wissenschaft und Forschung, Jugend- und Altenhilfe etc. sind die Grenzen steuerfinanzierter Förderung erreicht. Aufgrund der angespannten Lage der öffentlichen Haushalte kann der Staat hier nur noch eine Grundversorgung sicherstellen."

Entwurf eines Gesetzes zur Förderung des Stiftungswesens,
vorgelegt von Bündnis 90/Die Grünen am 1. Dezember 1997[31]

Ex-Bertelsmänner überall

Frauen und Männer, die in der Bertelsmann-Stiftung Erfahrungen sammelten, sind in der Stiftungsszene heiß begehrt. Sie mischen in vielen Stiftungen und stiftungsnahen Forschungseinrichtungen mit. Zum Beispiel:

» Andreas Schlüter. Generalsekretär des unternehmensnahen Stifterverbandes für die Deutsche Wissenschaft.

» Christof Eichert. Geschäftsführender Vorstand der Herbert-Quandt-Stiftung. Die Familie Quandt ist Großaktionär bei BMW.

» Ingrid Hamm. Geschäftsführerin der Bosch-Stiftung (bis Juni 2015).

» Roland Kaehlbrandt. Vorstandsvorsitzender der Stiftung Polytechnische Gesellschaft Frankfurt am Main.

» Anna Wohlfarth. Geschäftsführender Vorstand der Stiftung Neue Verantwortung in Berlin.

» Karsten Timmer. Stiftungsberater in Mannheim.

» Volker Then. Geschäftsführender Direktor des Centrums für Soziale Investitionen und Innovationen (CSI) der Universität Heidelberg.

» Ekkehard Thümler. Projektleiter im Berliner Büro des CSI.

- » Felicitas von Peter. Geschäftsführende Gesellschafterin von Active Philanthropy, einer gemeinnützigen Plattform in Berlin, die Stifter und Spender unterstützt.
- » Michael Alberg-Seberich. Geschäftsführender Gesellschafter von Active Philanthropy.
- » Ansgar Wimmer. Vorstandsvorsitzender der Alfred-Toepfer-Stiftung F.V.S. in Hamburg.

BERTELS-
MANN-
STIFTUNG
STIFTUNG
STIFTUNG
STIFTUNG
STIFTUNG
STIFTUNG
LYONN REDD

3. USA und Deutschland: Stiftungen im Bildungswesen

US-Stiftungen seit dem Zweiten Weltkrieg: CIA und „Sesamstraße"

Vorbild USA: „Ein Blick über den Atlantik kann Aufschluss darüber geben, in welche Richtung sich die deutsche Kultur der Philanthropie weiterentwickeln könnte“, schreibt der Stiftungsreport 2007, veröffentlicht vom Bundesverband Deutscher Stiftungen.[32] Werfen wir also einen „Blick über den Atlantik“. Welche Aufgaben erfüllten US-Stiftungen in den vergangenen Jahrzehnten? Welche Rolle spielten sie in Politik und Gesellschaft?

Professor Frank Adloff liefert Antworten. Der Soziologe erklärt: In der Nachkriegszeit wurden Stiftungen von US-amerikanischen Unternehmen vor allem genutzt, um zwei Ziele zu verwirklichen. Sie sollten helfen, Steuern zu sparen. Und sie dienten als Vorkehrung „gegen eine potentiell drohende Zerstückelung des Unternehmenseigentums“.[33]

Als Beispiel nennt Adloff die William-Randolph-Hearst-Stiftung, gegründet 1949. Sie entstand, „um das Hearst‘sche Verlagsimperium in Familienhänden zu halten“.[34] Hearst war ein Zeitungsoligarch, Vorbild des märchenhaft reichen „Citizen Kane“ im gleichnamigen Film des US-Regisseurs Orson Welles. Weiteres Beispiel: Die Ford Foundation. Als Henry Ford 1947 starb, fielen 90 Prozent der Anteile an der Ford Motor Company an die bereits bestehende Stiftung. Dem US-Staat entgingen dadurch hohe Einnahmen durch die Erbschaftsteuer. „Zugleich konnte die Familie über die (…) Stiftung ihren Einfluss auf Gesellschaft, Kultur und Politik enorm ausweiten“, berichtet Frank Adloff.

Die schwerreichen US-Stiftungen engagierten sich politisch, auch international. In den 1960er Jahren finanzierten Ford Foundation und die Rockefeller Foundation in Ländern wie Mexiko, Kolumbien und Nigeria die „Grüne Revolution", also die Einführung von industriellen Agrarmethoden.[35] Der Einsatz von Pestiziden, Düngemitteln und Landmaschinen im großflächigen Anbau sollte helfen, den Hunger zu überwinden. Die Rockefeller- und die Carnegie-Stiftung förderten in den 1960er Jahren Bildungsprogramme in Afrika. Die US-Stiftungen handelten gemäß der Auffassung, so Adloff, „dass eine starke amerikanische Präsenz auch in den Dritte-Welt-Ländern erforderlich sei".[36]

Auch im Kampf gegen den Kommunismus waren US-Stiftungen mit von der Partie. „Der Programmdirektor für internationale Angelegenheiten der Ford Foundation, Shepard Stone, spielte beispielsweise im Berlin des Kalten Krieges (1954–1968) eine entscheidende Rolle", schreibt Frank Adloff. In der Bundesrepublik Deutschland wurden während der 1950er Jahre Projekte von der Ford Foundation initiiert oder gefördert, „die dabei in einem hohem Maße mit der amerikanischen Regierung und insbesondere mit der CIA zusammenarbeitete". Das berichtet Rupert Graf Strachwitz, Stiftungsforscher in Berlin.[37] Die CIA habe damals das Ziel verfolgt, „durch gezielte Unterstützung gemäßigt linker Kreise in Europa diese darin zu beeinflussen, Gegner des Kommunismus zu werden", schreibt der Soziologe Strachwitz. Er nennt als Beispiel den „Kongress für kulturelle Freiheit", der 1950 in Westberlin stattfand – „ganz und gar von der CIA gesteuert". „Neben der Ford Foundation, der Rockefeller Foundation und der Carnegie Corporation of New York benutzte die CIA über 170 kleinere Stiftungen (…) um ihre Zahlungsströme zu leiten", berichtet Strachwitz.[38]

Neben Shepard Stone gehörte John McCloy zu den führenden Männern der Ford Foundation. McCloy hatte während des Zweiten Weltkriegs als Experte für Gegenspionage gearbeitet. 1949 wurde er „Hoher Kommissar“ und US-Militärgouverneur im besetzten Deutschland. 1953 wechselte er zur Stiftung der US-Autodynastie. Als deren Vertreter hätten Stone und McCloy versucht, „deutsche Unternehmen und Unternehmer für den Gedanken des Stiftens zu gewinnen“, so Rupert Graf Strachwitz. Der Ford Foundation ging es also darum, erste Pflöcke für eine „Bürgergesellschaft“ nach US-Vorbild in der Bundesrepublik einzuschlagen. Der Versuch war von Erfolg gekrönt: Die Ford-Stiftung stand Pate, als 1959 die Fritz-Thyssen-Stiftung gegründet wurde. Wenige Jahre später half sie, die Volkswagen-Stiftung auf die Beine zu stellen.[39]

In den USA ertönten während der 1960er Jahre kritische Stimmen von links gegen die mächtigen Stiftungen. Doch auch die Rechten übten Druck aus. So missfiel vielen US-Konservativen, dass die Ford Foundation die amerikanische Bürgerrechtsbewegung förderte.[40] Einen Namen im fortschrittlichen Lager machte sich die Ford Foundation auch, als sie 1969 half, neue pädagogische Konzepte mit dem Kinderfernsehen zu verbinden. Sie gab Geld für den „Children‘s Television Workshop“, der die Fernsehsendung „Sesame Street“ („Sesamstraße“) produzierte.

Die US-Debatte darüber, wie groß und einflussreich Stiftungen sein dürfen, endete vorerst 1969. Damals trat der Tax Reform Act in Kraft, gegen den Widerstand der Stiftungslobby. Seither schreibt der US-Gesetzgeber vor, dass gemeinnützige Stiftungen nicht mehr als 20 Prozent an einer Kapitalgesellschaft besitzen dürfen. US-Stiftungen ist es ferner untersagt, allzu große Teile ihres Reichtums für sich zu behalten – sie sind per Gesetz gezwungen, pro Jahr fünf Prozent ihres Stiftungsvermögens für gemeinnützige Projekte zu verwenden.

Ferner müssen sie heute ihre Steuererklärung veröffentlichen – was sie an Einnahmen erzielen und was sie ausgeben, steht inzwischen im Internet, für jedermann lesbar. Verglichen mit deutschen Vorschriften sind diese Vorgaben geradezu revolutionär.

Dass die strengen Vorgaben die Macht der US-Stiftungen schmälern, davon kann indes kaum die Rede sein. Die Stiftung des Großinvestors und Spekulanten George Soros begann nach dem Untergang der Sowjetunion, Demokratieprojekte in Ost-Europa zu fördern „Das amerikanische Demokratieverständnis wird exportiert", kommentiert Frank Adloff. Die Charles Stewart Mott Foundation unterstützt „Bürgerstiftungen" in Osteuropa, ebenso wie die Ford-, die Kellogg-, die Packard- und die Soros-Stiftung.[41] Die Rockefeller Foundation engagiert sich für internationale Agrarprojekte und kooperiert dabei mit dem Gentechnik-Konzern Monsanto.[42] Die Bill & Melinda Gates Foundation finanziert Gesundheitsprojekte in vielen Ländern – und verfügt zuweilen über ein ebenso großes Budget wie die Weltgesundheitsorganisation WHO.

Mitunter produziert das US-Stiftungswesen bizarre Geschichten: Als die New Yorker Hotelerbin Leona Helmsley 2007 starb, vermachte sie ihr Vermögen, das auf vier bis acht Milliarden Dollar geschätzt wurde, einer ganz besonderen Einrichtung – einer Stiftung für das Wohlergehen von Hunden.[43] Dazu passt der Kommentar eines US-Amerikaners, auf den Graf Strachwitz aufmerksam machte. Demnach sind Stiftungen die „einzigartige amerikanische Antwort" auf das Problem überschüssigen Wohlstands „in Gesellschaften mit begrenzter Einkommensumverteilung".[44]

Und was ist mit kritischen Stimmen? Es sei schwer, in den USA Hochschullehrer oder Forscher zu finden, die den Einfluss der großen Stiftungen anprangerten, erklärt die Bildungswissenschaftlerin

Diane Ravitch, Professorin an der New York University. Denn viele Akademiker fürchteten, dass ihre Hochschule oder ihr Projekt bei der Vergabe von Stiftungsgeldern leer ausgehen könnte. Das, so Diane Ravitch, habe in den USA zu einer „Verschwörung des Schweigens" geführt.[45]

„Ich glaube, dass wir in 50 Jahren eine Bürgergesellschaft haben, die mit der Szene in Amerika vergleichbar sein wird."

Klaus Wehmeier,
stellvertretender Vorsitzender der Körber-Stiftung, 2007[46]

USA: Wie Stiftungen das Schulwesen umbauen – Fallbeispiel „School Turnaround"

Armut und Schule

Eine Schülerin wartet an einem kalten Morgen auf den Schulbus. Das Mädchen friert – sie besitzt keine Jacke. Ein 14-jähriger putzt sich vor Schulbeginn in der Toilette bei McDonald's die Zähne – er lebt mit seiner obdachlosen Mutter im Auto. Einem Viertklässler graut es vor dem Wochenende – dann bekommt er keine Schulmahlzeit und hat nicht genug zu essen.[47]

Alltag an öffentlichen Schulen in den USA. „14,7 Millionen Kinder unter 18 Jahren leben unterhalb der Armutsgrenze", berichtet die US-Lehrergewerkschaft American Federation of Teachers (AFT).[48] Dies entspreche einem Anteil von 20 Prozent. Die AFT beruft sich auf das National Center for Children in Poverty. Eine vierköpfige Familie gilt demnach als arm, wenn sie im Jahr weniger als 23.550 Dollar zur Verfügung hat.

Wissenschaftler warnen schon lange: Für Mädchen und Jungen aus armen Familien steigt das Risiko, in der Schule zu scheitern. Weil Konzentrationsstörungen oder Verhaltensauffälligkeiten auftreten. „Armut beeinflusst die Lernfähigkeit von Kindern", betont das DC Fiscal Policy Institute.[49] „Der Leistungsrückstand von armen Kindern beginnt früh und ist schwer zu beseitigen", ergänzt das National Center for Children in Poverty.[50] Besonders betroffen seien Mädchen und Jungen, die in afro-amerikanischen, lateinamerikanischen oder indianischen Familien aufwachsen.

Die „Reform" der Reichen und Stiftungen

Auch in den USA debattieren Lehrkräfte, Elternschaft, Wissenschaft und Politik, wie sich die Leistungen von Schülern verbessern lassen. Wie gelingt es, den Anteil von Schulabbrechern zu senken? Wie erhöht man die Quote der Jugendlichen, die das College besuchen? Diane Ravitch, Professorin an der New York University, berichtet: An dieser Diskussion beteiligt sich auch eine besonders einflussreiche Gruppe – Vertreter großer Konzerne und Banken. Gemeinsam mit Politikern, die mal den Republikanern, mal den Demokraten angehören, bilden sie das *Corporate Reform Movement*, die Reformbewegung der Unternehmen.[51]

Diese Bewegung verfolgt einschlägige Ziele: Die Privatisierung vorantreiben, auch im Schulwesen. Den Staat zurückdrängen. Und in öffentlichen Einrichtungen, einschließlich der Schulen, *New Public Management* (NPM) einführen. NPM setzt auf Wettbewerb und nutzt Managementkonzepte privater Unternehmen. Die Anhänger des *New Public Management* sind zudem überzeugt, dass sich die Qualität der von öffentlichen Einrichtungen erbrachten Leistungen – der Output – messen lässt.[52]

Zu den Finanziers des *Corporate Reform Movement* zählen schwerreiche US-Stiftungen. Darunter die Bill & Melinda Gates Foundation.[53] Außerdem die Broad Foundation (Baubranche, Versicherungen), die Walton Family Foundation (Supermarktkette Walmart) oder die Dell Foundation (Dell-Computer). Für Unterstützung sorgt auch die Stiftung von Milton Friedman, Nobelpreisträger für Wirtschaft und einer der einflussreichsten Vordenker des Neoliberalismus.[54]

Milliardäre, Großunternehmer, Hedgefonds-Manager, Banker und Stifter propagieren zum Beispiel *School Choice*: Eltern erhalten die Möglichkeit, zwischen verschiedenen Schulen zu wählen. Das zwinge Schulen, ihre „Kunden“, also die Eltern, zu umwerben. Nur wer gute Leistungen zeige, habe auf dem „Bildungsmarkt“ Erfolg und verzeichne genügend Anmeldungen. Das zwinge schlechte Schulen, einen Reformprozess zu durchlaufen – andernfalls müssten sie schließen. Soweit die Theorie. Zu diesem Konzept gehören ferner: Regelmäßige Schülertests, um die Qualität der Schulen zu messen. Und eine Schulorganisation nach dem Vorbild privater Unternehmen. Mit einem mächtigen Schulleiter an der Spitze, der das Recht hat, Lehrerinnen und Lehrer zu entlassen.

Um den Wettbewerb unter Schulen zu entfachen, fördert das *Corporate Reform Movement* die umstrittenen *Charter Schools*.[55] Das sind Privatschulen, die zu 100 Prozent vom Staat finanziert werden und kein Schulgeld verlangen. Damit unterscheiden sie sich von traditionellen US-Privatschulen, die vor allem durch die Eltern finanziert werden. *Charter Schools* dürfen sich ihr Personal aussuchen und ihre Lehrpläne selbst gestalten. Sie haben zudem das Recht, die Unterrichtszeit zu verlängern. So gilt für *Charter Schools* des Trägers KIPP („Knowledge Is Power Program“), dass Schülerinnen und Schüler drei bis vier Stunden pro Tag zusätzlich unterrichtet werden und kürzere Ferien haben.[56] Rund 6.400 *Charter Schools* gibt es derzeit in den USA – 1999 waren es lediglich 1.500.[57]

Charter Schools sorgten in den USA wiederholt für Negativschlagzeilen: Spektakuläre Pleiten, etwa 2004 in Kalifornien.[58] Tricksereien, um bei Vergleichstests gut abzuschneiden.[59] Ruppiger Umgang mit Lehrkräften. Für Unmut sorgt, dass viele *Charter Schools* ihr Management einer Privatfirma übertragen – und dafür stattliche Honorare zahlen. 2012 wurde bekannt, dass die Leiterin einer *Charter School* in Orange County/Florida, die vor der Schließung stand, eine Einmalzahlung von rund 500.000 US-Dollar kassierte, genehmigt vom privatschul-eigenen *School Board*. Ein Sprecher des kommunalen *School Board*, zuständig für die öffentlichen Schulen des Bezirks, kritisierte diese Verwendung von Steuergeldern als „unmoralisch."[60]

Bildungsexperten wie Diane Ravitch betonen: Die Probleme an öffentlichen Schulen in den USA lassen sich nur dann lösen, wenn gleichzeitig die Armut von Kindern bekämpft wird. Ravitch hält es für falsch, Schulen in Not zu schließen, eine Schule allein nach dem Abschneiden bei landesweiten Tests zu beurteilen, den Konkurrenzkampf unter Schulen anzuheizen. Professor Manfred Weiß, Bildungsökonom in Frankfurt am Main, pflichtet ihr bei. „Es gibt keine eindeutigen Belege dafür, dass Wettbewerb im Schulbereich für mehr Qualität sorgt."[61] Nach der Wettbewerbslogik müsse es zudem Gewinner und Verlierer geben. „Das passt nicht zur demokratischen Vorstellung von guter Bildung für alle", betont Professor Weiß.

"School Turnaround"

New York City, Herbst 2001. Michael Bloomberg, Multi-Milliardär, Medienunternehmer und Stifter, wird zum Bürgermeister gewählt. Er kündigt an, die öffentlichen Schulen radikal umzubauen. Er zentralisiert die Schulverwaltung, führt regelmäßige Tests ein und schickt Berater in die Schulen. Er gründet eine privat finanzierte Akademie, um Schulleiter auszubilden. Außerdem erhöht Bloomberg die Bildungsausgaben – die Gehälter von Lehrkräften steigen, Schulleiter erhalten mitunter sechsstellige Jahresgehälter.[62] Heftige Proteste erntet der New Yorker Bürgermeister, als er öffentlich jeder zweiten Lehrkraft schlechte Leistungen unterstellt. Bloomberg sagt: „Wenn ich könnte, würde ich die Zahl der Lehrer um die Hälfte verringern und damit die schlechten Lehrer entfernen." Und: „Die Klassengrößen verdoppeln mit besseren Lehrern, das wäre eine gute Sache für die Schüler."[63]

Zum Reformprogramm von Bloomberg gehört auch das Projekt *School Turnaround*. Es zielt auf *failing schools*, auf Schulen, die über mehrere Jahre bei Vergleichstests schlecht abgeschnitten haben. Vier Modelle sollen helfen, diese Schulen „umzudrehen". Eines dieser Modelle heißt *School Transformation*: Die Schulleiterin oder der Schulleiter wird zumeist ausgewechselt, ferner kommen neue Lehrkräfte an Bord. Ein weiteres Modell nennt sich *School Restarts*: Die *failing school* wird geschlossen - und als *Charter School* neu eröffnet.[64] Im Januar 2015 meldet die „New York Post": Für 14 öffentliche Schulen der Stadt besteht die Gefahr, dass sie ihren Betrieb einstellen müssen.[65]

Deutschland: Wie Stiftungen das Schulwesen umbauen – Fallbeispiel „School Turnaround"

Armut in Deutschland

1,6 Millionen Kinder unter 15 Jahren leben in Familien, die mit Hartz IV auskommen müssen. So lauten die Zahlen des Bremer Instituts für Arbeitsmarktforschung und Jugendberufshilfe für das Jahr 2014.[66] Damit gelten 15,4 Prozent der unter 15-jährigen als arm. Zur Erinnerung: In den USA liegt dieser Anteil, bezogen auf Mädchen und Jungen unter 18, bei 20 Prozent.

Das Land Berlin steht auf der Kinderarmuts-Skala ganz oben: 33 Prozent aller unter 15-jährigen wachsen in Hartz-IV-Familien auf. Es folgen Bremen (31,6 Prozent) und Sachsen-Anhalt (25,6 Prozent). Bei den Städten steht Bremerhaven an der Spitze (39,6 Prozent), danach Gelsenkirchen (37,7 Prozent), Offenbach (35,7 Prozent), Halle an der Saale (34,5 Prozent), Frankfurt/Oder (32,8 Prozent) und Essen (32,4 Prozent). Zum Vergleich: In München liegt die Quote bei 12,1 Prozent, in Stuttgart bei 13,7 Prozent, das Land Bayern kommt auf 7,2 Prozent.[67]

Zu den kargen materiellen Lebensbedingungen kommen oftmals Bildungs- und Erziehungs-Defizite hinzu. „Es macht einen Unterschied, ob einem Kind bis zur Einschulung 3.000 Stunden vorgelesen wurde oder ob es 3.000 Stunden RTL gesehen hat", bringt es ein Bildungspraktiker auf den Punkt.[68] Es geht um Kinder, die kein Buch besitzen, die noch nie im Zoo waren, geschweige denn in einem Museum oder Theater. Drittklässler, die viele Wörter noch nie gehört haben. „Sie wissen nicht, was ein Springbrunnen ist, ein Kapitän oder eine Etage", berichtet Heinz Buschkowsky, der an Bildungsfragen interessierte ehemalige Bürgermeister von Berlin-

Neukölln.[69] Über PISA, den internationalen Schülertest der OECD, dem Klub der reichen Industrieländer, gehen die Meinungen zwar auseinander. Doch die erste PISA-Untersuchung aus dem Jahr 2000 brachte Entscheidendes an den Tag: In Deutschland bestimmt die soziale Herkunft mehr als in allen anderen 31 PISA-Teilnehmerstaaten, ob ein Kind Erfolg in der Schule hat oder nicht.[70]

„Wir haben in Deutschland eine hochgradig verkrampfte Gesellschaft. Der Sozialneid schlägt einem jeden Tag aus den Zeitungen entgegen. In Amerika ist es etwas Positives, wenn man möglichst weit oben in der Liste der Reichen steht."

Hasso Plattner,
Stifter und Mitbegründer des Software-Unternehmens SAP, 2007[71]

Schulreformen orientieren sich an New Public Management

Elemente des New Public Management finden sich längst auch im deutschen Schulwesen. Einen Meilenstein bildet im Jahr 2001 das Projekt „Selbstständige Schule“ in Nordrhein-Westfalen. Die teilnehmenden Schulen sollten sich aus dem engen Korsett staatlicher Vorgaben lösen und „Autonomie“ ausprobieren. „Selbstständige Schule“ wurde von der Bertelsmann-Stiftung und dem NRW-Schulministerium initiiert – und fand Nachahmer in fast allen Bundesländern.[72] Die Rolle des Schulleiters wandelt sich – weg vom „Ersten unter Gleichen“, dem „primus inter pares“, hin zum allein verantwortlichen und machtvollen Schulmanager.[73] Regelmäßige Tests, von PISA bis zu „Vergleichsarbeiten“ (VERA) in den Klassen 3 und 8, zielen darauf, die Leistungen von Schulen zu messen (Output-Orientierung). Privatschulen spielen eine immer größere Rolle – ihre Zahl stieg von 1992/93 bis 2013/14 bundesweit um 76 Prozent.[74]

„School Turnaround"

Oktober 2011. Eine Delegation der Berliner Senatsverwaltung für Bildung fliegt nach New York – auf Einladung der Robert-Bosch-Stiftung. Die Berliner wollen die Bloombergsche Schulreform kennenlernen. Warum? New York sei bei „wichtigen Reformen wie Schulautonomie, Leistungsverantwortung und dem Ausbau von Führungskompetenzen Berlin – und gar ganz Deutschland – ungefähr ein Jahrzehnt voraus“. So steht es in einer Studie der Bosch-Stiftung.[75] Die Delegation, zu der Bildungswissenschaftler und Stiftungs-Mitarbeiter gehören, verbringt zweieinhalb Arbeitstage in der amerikanischen Großstadt. Flug und Aufenthaltskosten zahlt die Bosch-Stiftung.

März 2013. In Berlin startet *School Turnaround* als gemeinsames Projekt des Senats, also der Berliner Landesregierung, und der Bosch-Stiftung. Es richtet sich an zehn Schulen in sozialen Brennpunkten. Das Projekt fordert „messbare Ergebnisse“, „mehr Schulabschlüsse, mehr Anmeldungen, weniger Schulabbrecher“.[76] Es gelte, Unterrichtsqualität und Schulmanagement zu verbessern. „Entscheidend für das Gelingen“ seien die Schulleiterinnen und Schulleiter, heißt es auf der Projekt-Homepage. „Turnaround (...) bedeutet ein Umdenken des Schulsystems von Grund auf“, gibt die Homepage als Marschroute aus. Ähnliche Projekte seien in Bremen und Hamburg geplant.[77]

Für die Berliner Pilotphase, angelegt bis Juni 2015, stehen eine Million Euro bereit. Die Bosch-Stiftung zahlt davon 800.000 Euro, 200.000 Euro kommen vom Berliner Senat. Mit dem Geld werden Berater oder schulinterne Fortbildungen bezahlt. Jede der zehn beteiligten Schulen darf 15.000 Euro in Eigenregie ausgeben. Inzwischen haben Bosch-Stiftung und Senatsverwaltung entschieden, das Projekt um zwei Jahre zu verlängern.[78]

Meine Neugierde ist geweckt. Was passiert an Berliner Schulen, die an *School Turnaround* teilnehmen? Die Hector-Peterson-Schule, eine ehemalige Gesamtschule in Berlin-Kreuzberg, lädt mich zum Besuch ein. Hier lernen rund 390 Mädchen und Jungen. 95 Prozent haben Migrationshintergrund, viele Eltern sind arbeitslos. Die Hector-Peterson-Schule verfolgt einen künstlerisch-kreativen Schwerpunkt. Was das für die Schülerinnen und Schüler heißt, erfahre ich bald. Theaterprobe in Klasse 7. Auf dem Programm steht eine Kurzfassung von Schillers Ballade „Der Handschuh“. Der 13-jährige Marcel spielt den König, in rotem Umhang mit Krone. Er befiehlt, gefährliche Tiere in die Arena zu schicken, zur Erbauung der Untertanen. „Der Löwe!“, ruft Marcel und streckt majestätisch den Arm aus. Yusuf mit Löwenmaske betritt von links die Bühne. „Langsamer, Yusuf! Cooler!“, ruft Lehrerin Benita Bandow. Und zu Amani gewandt, die den einleitenden Text vorträgt: „Du musst deutlicher sprechen.“ Dass Schülerinnen und Schüler auftreten und vortragen, sei „Teil unseres Sprachkonzeptes“, erklärt Monika Steinhagen, die seit März 2014 die Schule leitet.

Als Monika Steinhagen 2008 an die Hector-Peterson-Schule kam, „war die Schule erstarrt“, erklärt die 55-jährige. „Sehr viel wurde in Jahrgangsteams entschieden.“ Das Kollegium habe die Schule als Ganzes aus dem Blick verloren. Ab 2011 begann zudem „ein Riesenwust an Bauarbeiten“. Ein Teil des Unterrichts lief in Ersatzgebäuden. Das ständige Pendeln habe die Schüler belastet. Schlägereien erschütterten den Schulfrieden. „Die Schule bekam einen schlechten Ruf, die Anmeldezahlen sanken.“

Monika Steinhagen, damals stellvertretende Schulleiterin, griff deshalb zu, als sie 2012 von *School Turnaround* hörte. Begeistert erzählt sie von der internationalen Schulleiter-Tagung in der Schweiz, an der sie im Herbst 2013 teilnehmen durfte. Die Reisekosten übernahm die Bosch-Stiftung. „Da waren Leute, die hatten Lust, was zu verändern“, erinnert sich die Pädagogin. Sie lobt zudem die Zusammenarbeit mit dem Schulentwicklungsberater, den die Bosch-Stiftung stellt. „Der schaut sich den Unterricht an, berichtet darüber, gibt Beratung und leitet schulinterne Fortbildungen.“ Hinzu kommt: Seit die Hector-Peterson-Schule am Projekt teilnimmt, genießt sie viel öffentliche Aufmerksamkeit. Berliner Zeitungen bringen positive Berichte, Berlins Bildungssenatorin kommt zu Besuch, die Schulrätin des Bezirks hält engen Kontakt.

Das Projekt zeigt erste Erfolge. „Wir haben das künstlerisch-kreative Profil unserer Schule gemeinsam entwickelt“, sagt Monika

Steinhagen. Projektunterricht spielt heute eine große Rolle. Die Zahl der Schüler, die ohne Abschluss die Schule verlassen, sank innerhalb eines Jahres – von 34 auf 12. Prügeleien unter Schülern? „Hab' ich seit der achten Klasse nicht mehr erlebt", sagt der 16-jährige Merthan aus der 10. Klasse.

Ich bin beeindruckt. Monika Steinhagen erlebe ich als engagiert, offen, kompetent – eine Schulleiterin, die mit Herzblut bei der Sache ist. Völlig klar, dass sie eine Chance wie *School Turnaround* nutzt, um ihre Schule voranzubringen. Welche Einwände sollte es dagegen geben? Doch es gibt sie, und sie haben Gewicht.

Im November 2013 herrschte in Berlin Streit darüber, was von *School Turnaround* zu halten ist. Die Berliner GEW stellte sich gegen das Projekt. Die *Turnaround*-Politik habe in New York zu einer andauernden Erhebung von Schulleistungsdaten, dem „teaching to the test", geführt, lautete ihre Kritik. Eine weitere Folge seien „Leistungsrankings" sowie eine „hire and fire"-Politik gegenüber Lehrkräften. Die Bosch-Stiftung verfolge „eine Politik der neoliberalen Umgestaltung". Schulorganisation solle „nach Management-Prinzipien gestaltet werden". Außerdem dürfe die Verantwortung für Schulentwicklung nicht „an private Partner delegiert werden, die nicht demokratisch kontrollierbar sind".[79]

Die Robert-Bosch-Stiftung widerspricht. Es gehe nicht darum, New Yorker Reformen eins zu eins zu übertragen. Das sei schon aus rechtlichen Gründen nicht möglich. Professor Joachim Rogall, Geschäftsführer der Bosch-Stiftung, versichert zudem: „Schulen zu reformieren, ist eine öffentliche Aufgabe." Die Stiftung könne lediglich „einen Rahmen bereitstellen, Anstoß geben". Man versuche zudem, *School Turnaround* mit Programmen zu verknüpfen, die die Berliner Senatsverwaltung zur Unterstützung von Brennpunkt-

Schulen aufgelegt hat. Rogall meint damit vor allem das „Bonus-Programm", das für jede benachteiligte Schule bis zu 100.000 Euro jährlich bereitstellt.[80] Was die Senatsverwaltung nach Abschluss von *School Turnaround* daraus mache, sei ihre Sache. „Sie muss sich überlegen", so Joachim Rogall, „wie sie die modellhaften Ergebnisse der zehn Projektteilnehmer mit den vorhandenen Ressourcen an andere Schulen weitergeben kann."

Mit den „vorhandenen Ressourcen"? Das stößt in der GEW auf Unverständnis. Die Gewerkschaft verweist auf Zahlen der OECD, denen zufolge Deutschland im internationalen Vergleich bei den Bildungsausgaben hinterherhinkt. 57 Milliarden Euro pro Jahr zusätzlich müssten Bund und Länder laut GEW ausgeben, um den OECD-Durchschnitt zu erreichen.[81] Die öffentlichen Bildungsausgaben der OECD-Mitgliedstaaten lagen 2011 im Schnitt bei 5,6 Prozent des Bruttoinlandsprodukts. Deutschland kam auf 5,0 Prozent, Frankreich erreichte 5,7 Prozent, die Niederlande 5,9 Prozent, Finnland und Schweden jeweils 6,8 Prozent.[82]

Doch Bund und Länder ächzen unter einer gewaltigen Schuldenlast – auch wenn die Steuereinnahmen dank der günstigen Wirtschaftslage derzeit sprudeln. Allein das Land Berlin wies 2013 Schulden in Höhe von 61,4 Milliarden Euro aus.[83] Eine Lage, die nach Meinung von Gewerkschaften und vielen Wirtschaftsfachleuten durch die Steuergesetze der vergangenen 15 Jahre mitverursacht wurde. Entsprechend sehen viele Berliner Schulgebäude aus: kaputte Fenster, fehlender Brandschutz, durchnässte Keller, ekelerregende Toiletten.[84] „Drei Schulen wegen Einsturzgefahr gesperrt", meldet der Berliner Tagesspiegel im April 2015.[85] Nach Auskunft der Bezirksverwaltungen beträgt der Sanierungsstau an Berliner Schulgebäuden zwei Milliarden Euro.[86]

Stiftungen an Berliner Brennpunktschulen (Auswahl):

- **Stiftung Fairchance:** Sprachförderprogramme an fünf Grundschulen im Stadtviertel Gesundbrunnen.[87]
- **Bürgerstiftung Berlin:** Sprachförderung.[88]
- **Freudenberg-Stiftung, Karl-Konrad-und-Ria-Groeben-Stiftung, Stiftung Zukunft Berlin:** Projekt „Ein Quadratkilometer Bildung" in Neukölln.[89]
- **Freudenberg-Stiftung, Breuninger-Stiftung, Heinrich-Stoess-und-Gerda-Koepff-Stiftung:** Projekt „Ein Quadratkilometer Bildung" in Moabit.[90]
- **Vodafone-Stiftung, Haniel-Stiftung, Ubuntu-Stiftung, Stiftung der Familie Schultz-von-Schacky:** Privatschule für benachteiligte Schülerinnen und Schüler in Wedding.[91]
- **Sky-Stiftung:** Finanziert ein Jahr lang einen Trainer für Basketball an einer Brennpunktschule.[92]

Ich fahre nach Berlin-Tiergarten, um eine weitere *School-Turnaround*-Schule kennenzulernen: Die Hedwig-Dohm-Oberschule, geleitet von Josef Widerski, 62 Jahre. Auch Widerski weiß die Unterstützung durch das Projekt zu schätzen. Im Gespräch wird mir allerdings klar, dass *School Turnaround* viele Probleme an der Hedwig-Dohm-Oberschule unberührt lässt. Schulleiter Widerski berichtet von den Lebensbedingungen seiner Schüler: „Zuhause haben sie oft keinen Raum, um ungestört Hausaufgaben zu machen." Er weiß von einer Schülerin, die sich zum Lernen auf die Toilette zurückzieht.

Diese Heranwachsenden benötigten in der Schule vor allem dreierlei: „Zuwendung, Zuwendung, Zuwendung". Für Kinder, die sich im herkömmlichen Unterricht schwertun, seien pädagogische Kleingruppen erforderlich. Dazu wünscht sich Josef Widerski zusätzliche Sozialarbeiterinnen und -arbeiter, möglichst mit Zusatzqualifikation im handwerklichen oder künstlerischen Bereich. Außerdem benötige die Schule weitere Räume. Ich erfahre: *School Turnaround* hilft zwar, innerschulische Entscheidungsstrukturen und eine Art Qualitätskontrolle aufzubauen. Doch mehr Geld für Personal oder zusätzliche Räume gibt es nicht.

Sigrid Baumgardt, bis Anfang Juni 2015 Vorsitzende der Berliner GEW, bestätigt: „Das Berliner Schulsystem steht vor besonders großen Herausforderungen durch den hohen Anteil an Kindern aus Armutsverhältnissen." 645 öffentliche allgemeinbildende Schulen gibt es in Berlin, davon zählen rund 200 als Brennpunkt-Schulen. Das ist fast jede dritte Schule in der Hauptstadt. Für deren Entwicklung, so die ehemalige Gewerkschaftschefin, müsse die Berliner Bildungspolitik ein „ganzheitliches Konzept entwickeln". Weg vom gegenwärtigen „Flickenteppich", der sich aus mehreren kleinen Projekten zusammensetze. „Der öffentliche Bildungssektor ist unterfinanziert", bringt es Sigrid Baumgardt auf den Punkt. Dies sei „der Nährboden für die steigende Ungleichbehandlung bei der Verteilung von Bildungschancen und für Privatisierung".

BOSCH-STIFTUNG
SCHOOL TURNAROUND
U.S.A.
SCHOOL TURNAROUND
YAY YAY U.S.A.
LYONN REDD

USA: Stiftungen fördern „Teach for America"

Wendy Kopp, eine junge US-Akademikerin, entwickelte 1989 das Konzept, frisch gebackene Hochschulabsolventen für zwei Jahre an eine Schule in einem sozialen Brennpunkt zu schicken. Dort helfen sie im Unterricht – und leisten damit einen Beitrag, um Kinder aus armen Familien zu fördern. „Teach for America" (TFA) startete 1990 mit rund 100 Aktivisten („teachers").[93]

Die gemeinnützige Organisation verkündet, nur jene Frauen und Männer als „teacher" auszuwählen, die gute akademische Leistungen, hohe Motivation und Führungsqualitäten mitbringen. Die Ausbildung dauert sieben bis zehn Wochen.[94] Während des Einsatzes stehen Coaches helfend zur Seite, TFA macht Weiterbildungsangebote. Die Aktivisten erhalten das gleiche Gehalt wie ausgebildete Lehrkräfte im ersten Berufsjahr.[95]

Teach for America ist reich, gefördert von Unternehmen wie der Kreditkartenfirma Visa und von Stiftungen, etwa der Wells Fargo Foundation. Allein 2013 kassierte die Organisation 294 Millionen US-Dollar an Spenden und Zuwendungen.[96]

Doch Kritik reißt nicht ab. „Teach for America unter heftigem Beschuss", schrieb die britische Zeitung „The Guardian" 2013.[97] Der Einsatz von Kurzzeit-Lehrkräften, die ungenügend ausgebildet sind, schwäche Schulen. Bereits 2009 berichtete die Zeitung „USA Today", dass ältere Lehrkräfte durch TFA-Aktivisten ersetzt werden.[98]

Für die Bildungswissenschaftlerin Diane Ravitch steht fest: Teach for America gehört zu den zentralen Kräften des *Corporate Reform Movement.* Allen voran Michelle Rhee, eine TFA-Ehemalige, die von 2007 an als Chancellor für die öffentlichen Schulen des District of Columbia verantwortlich war. Laut Ravitch propagiert Michelle Rhee „Angriffe auf Tarifverhandlungen“, „das Entlassen von Lehrern und Schulleitern“, „das Schließen von öffentlichen Schulen“ und „Privatisierung durch die Eröffnung von *Charter Schools*“.[99] Andere Ehemalige („alumni“) von TFA arbeiten heute als Lehrkräfte an *Charter Schools* oder im Management dieser Privatschulen.

Derlei Vorwürfen beruhten „auf falscher Darstellung und vergifteten Phrasen“, erwiderte Gründerin Wendy Kopp in der „Washington Post“.[100] Sie betont: Studien erteilten dem TFA-Vorbereitungsprogramm gute Noten.[101] Zum Vorwurf, Teach for America unterstütze *Charter Schools*, heißt es auf der Homepage: „Wir bevorzugen keine Schulform.“ Allerdings glaube man, „dass Schulleitungen Autonomie brauchen“.[102]

Teach for America blickt auf eine einzigartige Erfolgsstory zurück. Derzeit unterrichten etwa 10.000 TFA-„teacher“ in den meisten US-Bundesstaaten.[103] Zum Netzwerk der Ehemaligen gehören 37.000 Frauen und Männer – 930 von ihnen leiten heute Schulen, weitere 247 arbeiten in führenden Positionen des Schulwesens.[104] Das „Time Magazin“ zählte Wendy Kopp im Jahr 2008 zu den 100 einflussreichsten Menschen der Welt.[105] Heute leitet Wendy Kopp eine Organisation, die den weltweiten Ausbau des Teach-for-America-Konzeptes vorantreibt – unterstützt von Unternehmen und Großstiftungen.[106]

Deutschland: Stiftungen fördern „Teach First Deutschland"

2008 startete Teach First Deutschland (TFD) „nach amerikanischem Vorbild“, wie die Online-Ausgabe der FAZ 2009 schrieb.[107] Hierzulande heißen die von TFD ausgewählten Jungakademiker „fellows“. Sie seien „zusätzliche, besondere Lehrkräfte“, erklärt die gemeinnützige GmbH mit Sitz in Berlin.[108]

Vor dem Einsatz absolviert der „fellow“ ein Schulpraktikum, einen „fünfwöchigen Online-Campus“ sowie die „achtwöchige Sommerakademie“.[109] Wie in den USA begleiten Coaching und Weiterbildung den zweijährigen Einsatz. Derzeit sind 140 junge Frauen und Männer aktiv, in den Bundesländern Baden-Württemberg, Berlin, Bremen, Hamburg, NRW und Hessen.

Auch in Deutschland werden die Aktivisten von der öffentlichen Hand bezahlt. Um die Kosten für Personalauswahl, Lehrgänge, Verwaltung und Marketing zu decken, sucht Teach First private Unterstützer. Und das mit Erfolg: 2013 kassierte die Organisation 2,5 Millionen Euro an „Spenden“ und „steuerneutralen Einnahmen“.[110] Zu den Förderern des Jahres 2013 zählten die Robert-Bosch-Stiftung, die Haniel-Stiftung, die Accenture-Stiftung, die Heinz-Nixdorf-Stiftung, die RAG-Stiftung und die Manfred-Lautenschläger-Stiftung.

Wie in den USA fördern auch hierzulande Unternehmen die Initiative. Warum? Weil Teach First den Firmen hilft, engagiertes Personal zu finden. „Klar sind die fellows für Unternehmen hochinteressant“, heißt es laut einem Pressebericht etwa bei der Deutschen Post DHL. Die TFD-Lehrerassistenten müssten sich auf unterschiedliche Situationen einstellen und durchsetzen. „Wer das kann, der ist für den Einsatz in Unternehmen erprobt“, urteilt die Deutsche Post.[111]

Doch Bildungsgewerkschaftern missfällt die Kurzausbildung, sie warnen vor „Deprofessionalisierung". Kritik richtet sich auch dagegen, dass die „fellows" vom Staat bezahlt werden. Dieses Geld fehle, um ausgebildete Lehrkräfte einzustellen.

TFD hält entgegen: Die drei Monate laufende Ausbildung „sei ausreichend für eine sinnvolle Arbeit an den Schulen". Das bestätigten Schulleiter und Lehrkräfte. Die „fellows" erhielten „in der Regel" ihr Geld nicht aus Budgets, die für die Einstellung von Referendaren oder Lehrkräften vorgesehen sind. Dass man Privatisierung vorantreibe, bestreiten die Berliner. Bildung sei „ein öffentliches Gut", das „weitgehend durch die öffentliche Hand bereitzustellen ist", heißt es auf der Webseite der Organisation.[112] Teach First sei politisch unabhängig und interessiert, auch mit Gewerkschaften zusammenzuarbeiten.[113] Vorbild für TFD sei zudem nicht Teach for America, sondern Teach First in Großbritannien.[114]

Wie in den USA hat TFD zum Ziel, ein Alumni-Netzwerk aufzubauen. Auch in Deutschland engagieren sich ehemalige „fellows" für Privatschulen. Zwei TFD-Alumni gründeten in Berlin-Wedding eine Schule in privater Trägerschaft, die sich um Kinder aus Hartz-IV-Familien kümmert – gefördert von zahlreichen Stiftungen. TFD-Gründerin Kaija Landsberg gehört inzwischen zum Stiftungsrat der Herbert-Quandt-Stiftung.[115] Auch für das Berliner Projekt *School Turnaround* arbeiten ehemalig TFD-Leute. Zum Beispiel Elisabeth Heid, Mitgründerin von Teach First Deutschland.[116] Von 2011 bis 2013 ging die Politikwissenschaftlerin in die USA, bis Ende August 2015 leitete sie die Geschäftsstelle von *School Turnaround*. Karsten Krabbe, ehemals Trainer und Bereichsleiter bei TFD, engagiert sich als Prozessbegleiter für *School Turnaround*.[117]

„Generell kooperieren wir gerne und gut mit Stiftungen und Unternehmen und sehen es insofern auch gerne, wenn Alumni diese als Arbeitgeber wählen."

Teach First Deutschland, 2015[118]

1 http://www.hzhg.de/ueber-uns/wer-wir-sind.html; aufgerufen am 14. September 2015.

2 http://www.mi.sachsen-anhalt.de/themen/stiftungen/; aufgerufen am 12. September 2015.

3 https://www.bertelsmann-stiftung.de/de/ueber-uns/wer-wir-sind/chronik/; aufgerufen am 29. Mai 2015.

4 https://www.bertelsmann-stiftung.de/de/ueber-uns/wer-wir-sind/chronik/; aufgerufen am 29. Mai 2015.

5 Deutscher Bundestag, Drucksache 13/9320 vom 1. Dezember 1997; http://dipbt.bundestag.de/doc/btd/13/093/1309320.pdf; aufgerufen am 3. Juni 2015.

6 http://www.maecenata.eu/images/documents/mi/Info/Flyer_MI.pdf; aufgerufen am 3. Juni 2015.

7 https://www.bertelsmann-stiftung.de/de/ueber-uns/wer-wir-sind/chronik/; aufgerufen am 29. Mai 2015.

8 http://www.berlin.de/ba-charlottenburg-wilmersdorf/ueber-den-bezirk/gebaeude-und-anlagen/geschaeftshaeuser/artikel.158759.php; aufgerufen am 3. Juni 2015.

9 http://www.bertelsmann-stiftung.de/de/presse/pressemitteilungen/pressemitteilung/pid/studie-buergerstiftungen-veraendern-die-stiftungswelt/; aufgerufen am 29. Mai 2015.

10 Gesetzentwurf dazu: Bundestagsdrucksache 14/2340 vom 13. Dezember 1999.

11 Gesetzentwurf dazu: Bundestagsdrucksache 14/3074 vom 30. März 2000. http://dipbt.bundestag.de/doc/btd/14/030/1403074.pdf; aufgerufen am 22. Juli 2015.

12 Laut Gesetzentwurf zum genannten Gesetz; siehe Bundestagsdrucksache 14/3074 vom 30. März 2000; http://dip21.bundestag.de/dip21/btd/14/030/1403074.pdf; aufgerufen am 22. Juli 2015.

13 http://www.law-school.de/deutsch/lehre-forschung/institute-zentren/institut-fuer-stiftungsrecht/; aufgerufen am 3.Juni 2015.

14 http://www.freudenbergstiftung.de/files/der_lange_weg_der_sozialen_innovation_14_02_06.pdf; Seite 15; aufgerufen am 1.Juni 2015.

15 Bundestagsdrucksache 14/8765 vom 11. April 2002.

16 http://www.stiftungen.org/index.php?id=2666&type=333

17 http://www.ghst.de/unsere-arbeitsgebiete/hochschule/hertie-school-of-governance/; aufgerufen am 3. Juni 2015.

18 http://www.stiftungen.org/de/verband/ueber-uns/haus-deutscher-stiftungen.html; aufgerufen am 3.August 2015.

19 DIW-Wochenbericht Nr. 46/2011, Seite 3.

20 https://www.csi.uni-heidelberg.de/programm.htm; aufgerufen am 3. August 2015.

21 https://www.csi.uni-heidelberg.de/ueber.htm; aufgerufen am 3. Juni 2015.

22 Bundestagsdrucksache 16/5200 vom 3. Mai 2007.

23 http://www.stiftungen.org/de/verband/verbandsstruktur/gremien/parlamentarischer-beirat.html; aufgerufen am 3.August 2015.

24 Gesetzentwurf unter: Bundestagsdrucksache 17/15 vom 9. November 2009.

25 Deutscher Städte- und Gemeindebund, Wachstum nur mit starken Städten und Gemeinden. Bilanz 2009 und Ausblick 2010 der deutschen Städte und Gemeinden, Berlin 2010, Seite 5.

26 http://www.bundesfinanzministerium.de/Web/DE/Themen/Steuern/Steuerarten/Abgeltungssteuer/abgeltungssteuer.html; https://www.volksbank-ludwigsburg.de/beratungsservice/abgeltungssteuer/7-wann-bezahle-ich-keine-abgeltungssteuer/; aufgerufen am 3. August 2015.

27 Bundestagsdrucksache 17/11632 vom 26. November 2012.

28 http://www.stiftungen.org/de/presse/pressemitteilungen/archiv-pressemitteilungen/pressemitteilungen-dynamische-inhalte/detailseite-pressemitteilung/mode/teaserstart/detail/2991.html; aufgerufen am 3.August 2015.

29 http://www.stiftungen.org/fileadmin/bvds/de/Forschung_und_Statistik/Statistik_2015/Stiftungsbestand_2014.pdf.

30 http://www.stiftungen.org/de/presse/pressemitteilungen/archiv-pressemitteilungen/pressemitteilungen-dynamische-inhalte/detailseite-pressemitteilung/mode/teaserstart/detail/5435.html; aufgerufen am 1. August 2015.

31 http://dipbt.bundestag.de/doc/btd/13/093/1309320.pdf; aufgerufen am 3. August 2015.

32 Bundesverband Deutscher Stiftungen, Stiftungsreport 2007, Berlin 2007, Seite 66.

33 Frank Adloff, Philanthropisches Handeln, Seite 302.

34 Frank Adloff, Philanthropisches Handeln, Seite 302.

35 http://www.fordfoundation.org/about-us/timeline#17; aufgerufen am 27. Mai 2015.

36 Frank Adloff, Philanthropisches Handeln, Seite 299.

37 Rupert Graf von Strachwitz, Stiftungen nach der Stunde Null, in: Geschichte und Gesellschaft. Zeitschrift für HIstorische Sozialwissenschaft, 33 (Jahrgang 2007), Heft 1, Seite 115.

38 Strachwitz verweist auf: Frances Stonor Saunders, Who Paid the Piper? The CIA and the Cultural Cold War, London 1999, Seite 134.

39 Frank Adloff, Philanthropisches Handeln, Seite 357.

40 Steven Schindler, Social Movements and Civil Rights Litigation; http://cspcs.sanford.duke.edu/sites/default/files/descriptive/civil_rights_litigation.pdf; aufgerufen am 3. August 2015.

41 Frank Adloff, Philanthropisches Handeln, Seite 349.

42 Frank Adloff, Philanthropisches Handeln, Seite 299.

43 Kathleen D. McCarthy, Frauen, Philanthropie und Wissenschaft, in: Jürgen Kocka/Günter Stock (Hg.), Stiften, Schenken, Prägen. Zivilgesellschaftliche Wissenschaftsförderung im Wandel, Frankfurt am Main, 2010, Seite 66f.

44 Rupert Graf Strachwitz, Stiftungen nach der Stunde Null, in: Geschichte und Gesellschaft. Zeitschrift für HIstorische Sozialwissenschaft, 33 (Jahrgang 2007), Heft 1, Seite 115.

45 Diane Ravitch, The Death and Life of the great American School System, New York, 2010, Seite 201.

46 „Katastrophen sind Bewährungsproben", Interview mit Klaus Wehmeier, in: Bundesverband Deutscher Stiftungen, Stiftungsreport 2007, Seite 107.

47 Fallbeispiele zu finden in: When Poverty Comes to School, PSRP Reporter (Zeitschrift der American Federation of Teachers), Winter 2014/2015; http://www.aft.org/periodical/psrp-reporter/winter-2014/when-poverty-comes-school; aufgerufen am 4. August 2015.

48 When Poverty Comes to School.

49 http://www.dcfpi.org/wp-content/uploads/2014/05/Part-I-Poverty-and-Childrens-Learning-Final.pdf; aufgerufen am 4. August 2015.

50 http://www.nccp.org/topics/earlycareandlearning.html; aufgerufen am 26. April 2015.

51 Dieses Kapitel folgt im Wesentlichen: Diane Ravitch, Reign of Error. The Hoax of the Privatization Movement and the Danger to America's Public School, New York 2013.

52 Siehe etwa: Gablers Wirtschaftslexikon, 17. Auflage, Artikel „New Public Management", Wiesbaden 2010.

53 Die Gates-Stiftung gehört beispielsweise zu den großen Finanziers der Charter Schools (öffentlich finanzierte Privatschulen); http://www.gatesfoundation.org/search#q/k=Charter School; aufgerufen am 17. Juli 2015.

54 http://www.edchoice.org/; aufgerufen am 4 .August 2015.

55 Matthias Holland-Letz, Schul-Privatisierung in den USA. Charter Schools auf dem Vormarsch, in: Klartext e.V. (Hrsg.), Auf dem Weg zur kommunalen Schule?, Frankfurt am Main, Februar 2014.

56 http://www.shankerinstitute.org/blog/extended-school-time-proposals-and-charter-schools; aufgerufen am 17.Juli 2015.

57 http://dashboard.publiccharters.org/dashboard/schools/year/2014; aufgerufen am 17. Juli 2015.

58 http://www.nytimes.com/2004/09/17/education/17charter.html?_r=3&; aufgerufen am 17. Juli 2015.

59 http://articles.latimes.com/2012/aug/17/local/la-me-crescendo-20120818; aufgerufen am 17. Juli 2015.

60 http://usnews.nbcnews.com/_news/2012/10/25/14698079-500000-payment-to-failed-charter-school-principal-sparks-outrage?lite; aufgerufen am 17. Juli 2015.

61 Zitiert nach: GEW, Privatisierungsreport Nr. 16. Privatschulen auf dem Prüfstand, Frankfurt/Main, 2015.

62 Robert Bosch-Stiftung (Hrsg.), A Tale of Two Cities: Education Reform in New York City and Berlin. Zusammenfassung (deutsche Fassung), Stuttgart, ohne Datum, Seite 6

63 Zitiert nach: Mary Ann Giordano/Anna M.Philipps, Mayor Hits Nerve in Remarks on Class Size and Teachers, New York Times; 2. Dezember 2011 (Übersetzung durch den Autor); http://www.nytimes.com/2011/12/03/nyregion/bloombergs-remarks-on-teachers-draw-scrutiny.html?_r=0; aufgerufen am 29. April 2015.

64 Robert Bosch-Stiftung (Hrsg.), A Tale of Two Cities: Education Reform in New York City and Berlin. Zusammenfassung (deutsche Fassung), Stuttgart, ohne Datum, Seite 11f

65 Yoav Gonen, „Failing" city schools running out of time to avoid closure, New York Post, 6. Januar 2015; http://nypost.com/2015/01/06/failing-city-schools-running-out-of-time-to-avoid-closure/; aufgerufen am 29. April 2015.

66 Bremer Institut für Arbeitsmarktforschung und Jugendberufshilfe (BIAJ), BIAJ-Kurzmitteilung vom 13.April 2015. Das Institut stützt sich auf Zahlen der Bundesagentur für Arbeit und des Statistischen Bundesamtes.

67 BIAJ-Kurzmitteilung vom 13. April 2015

68 Zitiert nach: Simone Scheufler, Kinderarmut. Das andere Leben der Jane, in: Focus Schule, 1. Februar 2009; http://www.focus.de/familie/erziehung/das-andere-leben-der-jane-kinderarmut_id_2788096.html; aufgerufen am 4. Mai 2015.

69 Heinz Buschkowsky, Neukölln ist überall, Berlin 2012, Seite 266.

70 Max-Planck-Institut für Bildungsforschung, PISA 2000: Die Studie im Überblick. Grundlagen, Methoden und Ergebnisse, Berlin 2002, Seite 12f

71 Bundesverband Deutscher Stiftungen, Stiftungsreport 2007, Seite 130.

72 Ausführlich zur Rolle der Bertelsmann-Stiftung siehe: Horst Bethge, Bertelsmann macht Schule, in: Jens Wernicke/Torsten Bultmann (Hrsg.), Netzwerk der Macht – Bertelsmann, Marburg 2007.

73 Zum Beispiel in Nordrhein-Westfalen: http://www.schulministerium.nrw.de/docs/Schulentwicklung/Eigenverantwortliche-Schule/index.html; aufgerufen am 19. Mai 2015.

74 Statistisches Bundesamt, Fachserie 11, Reihe 1.1, Private Schulen, 2013/2014, Seite 12. Die Prozentzahl bezieht sich auf allgemeinbildende und berufsbildende Schulen.

75 Robert Bosch-Stiftung, A Tale of Two Cities: Education Reform in New York City and Berlin. Zusammenfassung, Stuttgart, ohne Datum, Seite 5.

76 http://www.school-turnaround.de/projekt/ziel-des-projekts/; aufgerufen am 16. Juli 2015.

77 http://www.school-turnaround.de/hintergrund/; aufgerufen am 5. August 2015.

78 http://www.morgenpost.de/printarchiv/berlin/article140070715/Problemschulen-werden-zwei-weitere-Jahre-unterstuetzt.html#modal; aufgerufen am 11. September 2015.

79 GEW, Landesverband Berlin, Ablehnung des PPP-Projektes School Turnaround, Landesdeligiertenversammlung 5. November 2013, LDV-Beschluss Nr.7.

80 https://www.berlin.de/sen/bjw/service/presse/pressearchiv-2013/pressemitteilung.141383.php; aufgerufen am 12. August 2015.

81 http://www.gew.de/presse/pressemitteilungen/detailseite/neuigkeiten/gew-verlangt-57-milliarden-euro-mehr-fuer-bildung; aufgerufen am 5. August 2015.

82 Statistisches Bundesamt, Bildungsfinanzbericht 2014, Wiesbaden 2014, Seite 150.

83 Aktuellere Zahlen liegen nicht vor; https://www.statistik-berlin-brandenburg.de/publikationen/stat_berichte/2014/SB_L03-01-00_2013j01_BE.pdf; Seite 9; aufgerufen am 17. Juli 2015.

84 http://www.tagesspiegel.de/berlin/marode-schulen-in-berlin-einarmutszeugnis/12040608.html; aufgerufen am 17. Juli 2015.

85 Susanne Vieth-Entus/ Sylvia Vogt, Drei Schulen wegen Einsturzgefahr gesperrt, Der Tagesspiegel, 14.April 2015; http://www.tagesspiegel.de/berlin/marode-gebaeude-in-steglitz-zehlendorf-drei-schulen-wegen-einsturzgefahr-gesperrt/11636856.html; aufgerufen am 4.Mai 2015.

86 http://pardok.parlament-berlin.de/starweb/adis/citat/VT/17/SchrAnfr/s17-14477.pdf; aufgerufen am 5. August 2015.

87 http://www.stiftung-fairchance.org/news/presse/gezielte-sprachfoerderung-fuer-berliner-grundschueler; aufgerufen am 12. August 2015.

88 http://buergerstiftung-berlin.de/projekte/hausaufgabenbetreuung/; http://buergerstiftung-berlin.de/projekte/zweisprachiges-bilderbuchkino/; aufgerufen am 12. August 2015.

89 http://www.freudenbergstiftung.de/de/schluesselprogramme/ein-quadratkilometer-bildung/berlin-neukoelln/berlin-neukoelln.html; aufgerufen am 12. August 2015.

90 http://www.freudenbergstiftung.de/de/schluesselprogramme/ein-quadratkilometer-bildung/berlin-moabit/berlin-moabit.html; aufgerufen am 12. August 2015.

91 http://www.quinoa-bildung.de/index.php/foerderer.html; aufgerufen am 12. August 2015.

92 http://www.sky-stiftung.de/stiftung/cms/de/projekte_alba_macht_schule.jsp; aufgerufen am 12. August 2015.

93 https://www.teachforamerica.org/about-us/our-story/our-history; aufgerufen am 27. Juli 2015.

94 https://www.teachforamerica.org/teach-with-tfa/your-training-and-support/attending-summer-training; aufgerufen am 27. Juli 2015.

95 https://www.teachforamerica.org/teach-with-tfa/salary-and-benefits; aufgerufen am 27. Juli 2015.

96 http://990s.foundationcenter.org/990_pdf_archive/133/133541913/133541913_201405_990.pdf?_ga=1.166228796.383021017.1437746200; aufgerufen am 27. Juli 2015.

97 Amanda Holpuch, Teach for America under heavy fire from educators and former members, The Guardian, 17.Juli 2013; http://www.theguardian.com/education/2013/jul/17/teach-for-america-criticism-educators; aufgerufen am 27. Juli 2015.

98 Greg Toppo, Teach for America: Elite corps or costing older teachers jobs?; USA Today, 29. Juli 2009; http://usatoday30.usatoday.com/news/education/2009-07-29-teach-for-america_N.htm; aufgerufen am 27. Juli 2015.

99 Diane Ravitch, Reign of Error, Seite 145.

100 Wendy Kopp, Criticism toward Teach for America is misplaced; Washington Post, 18. September 2014; http://www.washingtonpost.com/opinions/criticism-toward-teach-for-america-is-misplaced/2014/09/18/00c3c332-3dc3-11e4-b03f-de718edeb92f_story.html; aufgerufen am 27. Juli 2015.

101 https://www.teachforamerica.org/tfa-on-the-record; aufgerufen am 27. Juli 2015.

102 https://www.teachforamerica.org/tfa-on-the-record; aufgerufen am 27. Juli 2015.

103 https://www.teachforamerica.org/about-us/media-resources/news-releases/baltimore-philanthropic-community-comes-together-celebrate; aufgerufen am 27. Juli 2015.

104 https://www.teachforamerica.org/tfa-on-the-record; aufgerufen am 5. August 2015.

105 http://content.time.com/time/specials/packages/completelist/0,29569,1733748,00.html; aufgerufen am 27. Juli 2015.

106 http://teachforall.org/en/about/supporters; aufgerufen am 27. Juli 2015.

107 Eliteabsolventen im Härtetest; in: Frankfurter Allgemeine Zeitung, 25. Feburar 2009; http://www.faz.net/aktuell/beruf-chance/campus/lehrer-eliteabsolventen-im-haertetest-11140.html; aufgerufen am 5. August 2015.

108 http://www.teachfirst.de/; aufgerufen am 5. August 2015.

109 http://www.teachfirst.de/fellowsalumni/dein-training/; aufgerufen am 5. August 2015.

110 Teach First Deutschland, Jahresbericht 2013, Seite 52.

111 Zitiert nach: Yvonne Pöppelbaum, Alternativer Berufseinstieg: Teach First, unicum.de, 23. April 2015; http://www.unicum.de/karriere/aktuelles/news/alternativer-berufseinstieg-teach-first/ ; aufgerufen am 4. Mai 2015.

112 http://www.teachfirst.de/bewerben/faqs/; aufgerufen am 5. August 2015.

113 http://www.teachfirst.de/bewerben/faqs/; aufgerufen am 5. August 2015.

114 Julia Sondermann, Teach First Deutschland, per E-Mail vom 20. Juli 2015 an den Autor.

115 http://www.herbert-quandt-stiftung.de/stiftungsrat/; aufgerufen am 27. Mai 2015.

116 http://mccloys.org/alumni-personen/; aufgerufen am 5. August 2015.

117 http://www.school-turnaround.de/schulen/prozessbegleitung/; aufgerufen am 27. Februar 2015.

118 Julia Sondermann, Teach First Deutschland, per E-Mail vom 20. Juli 2015 an den Autor.

4. Wie der „Stifterverband für die Deutsche Wissenschaft" die Hochschulen „reformiert"

Montag, 15. Juni 2015. Ein sommerlich-warmer Nachmittag in Essen. Vor dem Portal eines mächtigen Gebäudes halten Limousinen der Marken BMW, Audi und Mercedes. Männer in dunklem Anzug steigen aus. Eine Dame im hellroten Kleid lauscht aufmerksam ihrer Gesprächspartnerin, neben ihr steht ein streng blickender Herr mit schmalem Gesicht. Kaltgetränke werden gereicht. Drinnen, in der weitläufigen Halle mit der holzvertäfelten Decke, wird gleich ZDF-Moderatorin Gundula Gause das Wort ergreifen. Willkommen zur Jahresversammlung 2015 des „Stifterverbandes der Deutschen Wissenschaft e.V.".

Der Stifterverband, eines der Kraftzentren der deutschen Stiftungsszene, hält Hof an einer der feinsten Adressen Deutschlands – in der Villa Hügel, dem einstigen Sitz der Familie Krupp. Heute gehört die Villa samt Nebengebäuden und Park der Krupp-Stiftung. „Teilnahme nur mit persönlicher Einladung", heißt es auf der Homepage des Stifterverbandes. Meine Bitte, als Journalist an der Jahresversammlung teilnehmen zu dürfen, wurde abgelehnt, „aufgrund des sehr begrenzten Platzangebotes". Später erfahre ich: Kein Journalist war dabei. Begründung des Pressesprechers: Man habe keine Journalisten eingeladen, „da es sich um eine reine Festveranstaltung ohne Nachrichtenwert handelt".[1]

Der als gemeinnützig anerkannte Stifterverband vereint die mächtigsten Männer der deutschen Konzerne. Als Präsident amtiert Professor Andreas Barner, Vorstandsvorsitzender des Pharma-Unternehmens Boehringer Ingelheim. Zum Vorstand des Verbandes zählen die Chefs von Allianz, Siemens, Deutsche Bank, Daimler oder RWE. Mitglied im Stifterverband sind 3.000 Unternehmen, Unternehmensverbände, Stiftungen und Privatpersonen.[2] Gewerkschaften gehören dieser „Gemeinschaftsinitiative der Wirtschaft" nicht an.

Der Stifterverband erfüllt zwei Aufgaben: Erstens berät und managt er Stifter und Stiftungen. Dazu betreibt er die Deutsche Stiftungszentrum GmbH in Essen, die rund 600 Stiftungen betreut. Gemeinsam mit dem Bundesverband Deutscher Stiftungen unterhält er die Deutsche Stiftungsakademie GmbH in Berlin, eine Fortbildungseinrichtung für die Stiftungsszene.

Zweitens beschäftigt sich der Stifterverband mit Bildung. Er unterstützt begabte Schülerinnen und Schüler, kümmert sich um die Ausbildung von Lehrkräften und fördert Mathematik-Unterricht. Ferner berät der Essener Verband, wenn Unternehmen oder Verbände Lehrstühle errichten wollen, die heiß diskutierten „Stiftungsprofessuren". Rund 1.000 dieser Lehrstühle bestehen derzeit. Die Webseite „hochschulwatch" kritisiert: Unternehmen finanzierten Forschung „in für sie relevanten Bereichen", gleichzeitig bänden sie „indirekt auch zukünftige spezialisierte Arbeitnehmer an sich". „hochschulwatch" warnt vor „Interessenkonflikten".[3]

Ein besonderes Augenmerk liegt auf der Hochschulpolitik. Seit zwei Jahrzehnten befänden sich die Universitäten „in einem andauernden Entwicklungsprozess", heißt es auf der Webseite des Verbandes.[4] Stichworte dieses Prozesses seien „Deregulierung", „mehr Autonomie", „zunehmender Wettbewerb" und „mehr Kooperation mit der Wirtschaft".[5] Aha, denke ich. Auch hier ein Umbau nach der Richtschnur des *New Public Managements*. Der Essener Verband veranstaltete dazu Tagungen, gab Studien in Auftrag – und prägte so die Diskussion in Politik und Wissenschaft entscheidend mit:

- » 1994 organisierte der Stifterverband, gemeinsam mit der Heinz-Nixdorf-Stiftung, die Tagung „Hochschulreform durch Leistungswettbewerb und Privatisierung?“[6]

- » 1998 lud er zur Tagung „Public Private Partnership: neue Formen der Zusammenarbeit von öffentlicher Wissenschaft und privater Wirtschaft“.[7]

- » 2008 veröffentlichte er – wieder in Kooperation mit der Heinz-Nixdorf-Stiftung – „Leitlinien für die deregulierte Hochschule“. Die Autoren der „Leitlinien“ fordern, gesellschaftliche Aufgaben wie die akademische Bildung dem „Monopol des Staates“ zu entziehen.[8] Bereits 2005 startete das Programm „Die deregulierte Hochschule“. Zu dessen Unterstützern zählten Microsoft Deutschland GmbH/Microsoft-Stiftung, die Stiftung des Milliardärs Dieter Schwarz (Lidl, Kaufland) sowie die Förderungsstiftung des einstigen Stahl- und Rüstungsunternehmers Friedrich Flick.[9]

„Die Einwerbung von Spenden und Sponsoringmitteln und die wirtschaftliche Betätigung der Hochschulen müssen zukünftig erheblich an Bedeutung gewinnen."

„Leitlinien für die deregulierte Hochschule", 2008[10]

Der Stifterverband kooperiert mit einem weiteren großen *player* des „dritten Sektors“: Dem gemeinnützigen Centrum für Hochschulentwicklung gGmbH (CHE). Eine Denkfabrik, die von der Bertelsmann-Stiftung und der Stiftung zur Förderung der Hochschulrektorenkonferenz getragen wird. Auch das CHE begann früh, die Deregulierung der Universitäten zu propagieren. 1999 veröffentlichte der damalige CHE-Chef Detlef Müller-Böling das programmatische Buch „Die entfesselte Hochschule“. Im Jahr 2000 folgte das CHE-Symposium „Unternehmen Hochschule – Hochschule unternehmen“.[11]

Inzwischen beackern Stifterverband und CHE gemeinsam ein neues Feld, dem Experten große Bedeutung beimessen: Digitale Bildung. Im April 2014 verkündeten sie den Start des „Hochschulforums Digitalisierung“, das vom Bundesbildungsministerium unterstützt wird. Das Projekt soll beispielsweise klären, wie sich digitale Medien in die akademische Lehre integrieren lassen.[12] Weitere Themen des „Hochschulforums Digitalisierung“ lauten „Neue Geschäftsmodelle & Technologien & Lebenslanges Lernen“ oder „Internationalisierung und Marketingstrategien“.[13] Ein Thesenpapier, veröffentlicht im September 2015, fordert die Politik auf, die rechtlichen Rahmenbedingungen zu gestalten, einschließlich der Neuregelung des Urheberrechts und des Datenschutzes.[14] Es gehe darum, „eine umfassende Verbreitung digitaler Lehr- und Lernangebote zu erreichen.“[15] Geschäftsführer des Hochschulforums ist Oliver Janoschka, der zuvor unter anderem für die Robert-Bosch-Stiftung tätig war.[16]

Der Stifterverband arbeite „nicht lobbygetrieben“, sondern „dialogorientiert“, versichert Volker Meyer-Guckel, stellvertretender Generalsekretär des Verbandes.[17] Er verweist darauf, dass die Präsidenten der großen staatlichen Forschungsorganisationen, etwa der Max-Planck-Institute, zum Vorstand des Verbandes gehören. Im „Hochschulforum Digitalisierung“ gehe es nicht darum, neue Geschäftsfelder für Softwarefirmen voranzutreiben. „Die sollen die Unternehmen selber entwickeln“, beteuert Meyer-Guckel. Hochschulen und Wirtschaft hätten im „Hochschulforum“ vielmehr die Möglichkeit, voneinander zu lernen.

Andreas Keller, stellvertretender Vorsitzender der Gewerkschaft Erziehung und Wissenschaft (GEW), nennt die Hochschul-Projekte des Stifterverbandes „vielschichtig“. Er lobt, dass der Verband 2009 eine Initiative zur Förderung der Lehre gestartet hatte. Zudem habe der Stifterverband die Hochschulen vor rund zehn Jahren aufgerufen, sich an einem Wettbewerb zum akademischen Personalmanagement zu beteiligen. „Das hat die GEW begrüßt“, erinnert sich Hochschulexperte Keller.

Und heute, beim Kampf für bessere Arbeitsbedingungen für den Großteil der rund 160.000 Nachwuchswissenschaftler an Hochschulen? „Neun von zehn wissenschaftlichen Mitarbeiterinnen und Mitarbeitern sind befristet beschäftigt“, kritisiert die Gewerkschaft. Und: Mehr als die Hälfte aller Zeitverträge laufe weniger als ein Jahr. Von „Forschungsknechten“ und „Arbeitssklaven“ schrieb Spiegel Online.[18] Die GEW verabschiedete deshalb 2010 das „Templiner Manifest“[19] – und führt seither eine Kampagne gegen den „Befristungs-Wahnsinn“.

Erste Erfolge zeichnen sich ab – so beschloss das Bundeskabinett am 2. September 2015 einen Gesetzentwurf, der das Wissenschaftszeitvertragsgesetz novellieren soll.[20] Doch sieht sich die GEW noch lange nicht am Ziel. Und was macht der Essener Verband? „Hier sehe ich den Stifterverband nicht mehr als Akteur“, unterstreicht Andreas Keller. Volker Meyer-Guckel widerspricht. Der Stifterverband engagiere sich sehr wohl für bessere Arbeitsbedingungen. Zum Beispiel mit einem Projekt, welches das Arbeitsangebot von Nachwuchswissenschaftlern mit der Arbeitsnachfrage vergleiche. Angebot und Nachfrage klafften „oft weit auseinander", erklärt Meyer-Guckel. Und das „Templiner Manifest"? Der Verbandsmanager macht kein Hehl daraus, dass er wenig davon hält. Der Gewerkschaft gehe es „um mehr Geld und entfristete Arbeitsverträge", beanstandet Volker Meyer-Guckel. Es stelle sich aber die Frage, wodurch die Qualität von Hochschulen steige – „durch dynamische Strukturen oder durch Entfristung?"

Andreas Keller verweist auf die finanzielle Schlagkraft des Stifterverbandes. Dessen Förderbudget liegt bei 30 Millionen Euro im Jahr – „da kann die Zivilgesellschaft nicht mithalten". Dieser Betrag, so der stellvertretende GEW-Vorsitzende, werde jedoch nicht allein von Unternehmen und Stiftungen bezahlt: „Stiftungs- und Steuergesetze ermöglichen, dass der Staat einen großen Teil dieser Summe aufbringt."

„Das Geheimnis unseres Erfolgs in Amerika ist der Verzicht auf staatliche Kontrolle. Es waren autonome und unabhängige Einrichtungen, die uns am weitesten vorangebracht haben."

Richard C. Levin, langjähriger Präsident der US-Universität Yale, zum Erfolgsrezept amerikanischer Elite-Hochschulen, zitiert in: „Leitlinien für die deregulierte Hochschule", 2008[21]

5. Bertelsmann-Stiftung: Für „Digitale Bildung" und das Freihandelsabkommen TTIP

Das Geschäftsfeld „Digitale Bildung"

Es sei eine „faszinierende Vorstellung", bei den besten Professoren der Welt „kostenlos und gemeinsam mit vielen anderen aus aller Welt zu studieren". Was Jörg Dräger, Vorstandsmitglied der Bertelsmann-Stiftung, 2013 in DIE ZEIT bejubelt, sind *Massive Open Online Courses* (MOOCs), Lehr- und Lernvideos im Internet. Die meisten MOOCs seien kostenfrei, aber nicht als Studienleistung anerkannt, berichtet Dräger. Der Stiftungsmann verdeutlicht jedoch, dass es einen Markt für die virtuellen Bildungsangebote gibt. Etwa in den USA. Dort seien die Studiengebühren „dramatisch gestiegen", betont Jörg Dräger. 60.000 US-Dollar im Jahr, also 5.000 US-Dollar im Monat, das könnten sich viele Amerikaner nicht leisten. „Unterdessen bieten günstige Online-Unis ein Studium für monatlich 199 US-Dollar an." Für Dräger steht fest: „Diese Demokratisierung der Bildung, die Öffnung für breite Schichten, trifft auf eine große Nachfrage."[22]

Die Bertelsmann-Stiftung ist größte Eigentümerin des Bertelsmann-Konzerns. Und der will mit digitaler Bildung, möglichst individuell auf jeden Schüler, jeden Studierenden zugeschnitten, weltweit Geld verdienen. 2014 übernimmt der Konzern deshalb den US-amerikanischen Online-Bildungsanbieter Relias Learning. Im selben Jahr investieren die Gütersloher in das indische Unternehmen iNurture, das Bildungsdienstleistungen für indische Hochschulen bereitstellt.[23] Bereits 2012 steckt der Konzern mit Partnern 100 Millionen US-Dollar in einen Fonds, der sich an „innovativen Education-Angeboten" beteiligen soll.[24]

Ich entdecke: Auch die Bertelsmann-Stiftung beschäftigt sich mit Digitalisierung der Bildung. Und zwar ganz massiv. So unterhält die Gütersloher Großstiftung die Webseite www.digitalisierung-bildung.de.[25] Per Twitter und Facebook verbreiten Mitarbeiter der Stiftung das Thema. Das ist längst nicht alles:

» 2013 gehört Ralph Müller-Eiselt, *Senior Expert* der Bertelsmann-Stiftung, zu den Autoren einer Studie mit dem programmatischen Titel „Digitales Lernen fördern, rechtliche Hürden abbauen". Die Untersuchung kritisiert deutsche Rechtsvorschriften als „Innovationsbremse". Die Autoren fordern unter anderem, das Urheberrecht zu reformieren – damit Lehrende und Lernende digitale Texte nicht nur vervielfältigen, sondern auch bearbeiten, also verändern können. Außerdem gelte es, den Datenschutz zu reformieren – beide Forderungen decken sich mit dem, was Stifterverband und CHE inzwischen im „Hochschulforum Digitalisierung" propagieren. Ziel ist, dass Bildungsunternehmen das Lernverhalten ihrer Kunden überwachen können. „Der Mehrwert von digitalen Bildungsangeboten beruht auf den Analysemöglichkeiten des Lernverhaltens der Nutzer", heißt es in der Studie.[26]

» Ebenfalls 2013 lädt die Bertelsmann-Stiftung zu einer dreiteiligen Veranstaltungsreihe, um Chancen und Risiken des „Megatrends Digitalisierung" für die Bildung zu diskutieren.[27]

» 2014 erscheint eine Untersuchung der Gütersloher Stiftung, die der Frage nachging: „Wie wirksam sind digitale Medien im Unterricht?"[28] Im selben Jahr veröffentlicht die Stiftung eine „Expertise" namens „Digitales Lernen adaptiv". Die Studie geht der Frage nach, welche digitalen Lernformen in Zukunft die Weiterbildung bestimmen werden.[29]

» Im Herbst 2015 kommt „Die digitale Bildungsrevolution" in den Buchhandel. Das 240-Seiten-Werk haben zwei Fachleute der Bertelsmann-Stiftung verfasst: Jörg Dräger und Ralph Müller-Eiselt. Verlegt wird es von der renommierten Deutschen Verlags-Anstalt (DVA), die zum Bertelsmann-Konzern gehört.[30]

Mir stellt sich die Frage: Darf die gemeinnützige Bertelsmann-Stiftung ein Feld bestellen, auf dem der Bertelsmann-Konzern ernten will? André Zimmermann, Pressesprecher der Stiftung, schreibt, er könne meine Anfrage „inhaltlich nicht ganz nachvollziehen". Die Bertelsmann-Stiftung engagiere sich für „Chancengerechtigkeit und Leistungsfähigkeit des öffentlichen bzw. öffentlich geförderten Bildungswesens", so Zimmermann in seiner Stellungnahme. „Nach unserer Kenntnis ist das nicht Teil der Strategie der Bertelsmann SE im Bereich Education."[31]

Professor Reinhold Hedtke, Soziologe an der Universität Bielefeld, untersuchte, wie Unternehmen, Verbände, Politiker und Stiftungen einschließlich der Bertelsmann-Stiftung im Netzwerk zusammenarbeiten.[32] Er findet deutliche Worte zur Gütersloher Großstiftung: „Eine gemeinnützige Stiftung, die derart massiv und schamlos zugunsten der Geschäfte des Stifterunternehmens agiert, dient faktisch dessen privaten, unternehmerischen Interessen." Der Gedanke der Gemeinnützigkeit werde „verhöhnt". Hedtke fordert: Stiftungen wie die Bertelsmann-Stiftung, „die auf Umwegen die Geschäftsfelder des Stifters befruchten, sollten keinen Gemeinnützigkeitsstatus genießen".

„Das Engagement von Stiftungen gerade im Bereich Bildung ist bemerkenswert und hilfreich. Es ist eine gute Ergänzung zu den Bildungsangeboten des Staates."

Olaf Scholz (SPD),
Erster Bürgermeister der Hansestadt Hamburg, 2014[33]

Warum sich die Bertelsmann-Stiftung für das Freihandelsabkommen TTIP einsetzt

Washington D.C., 24. September 2013. Eine hochkarätige Runde versammelt sich. Darunter US-Senator Christopher Murphy und Nick Clegg, Großbritanniens Stellvertretender Premierminister. Sie kommen zur Präsentation einer Studie, die mögliche Auswirkungen des Freihandelsabkommens TTIP auf die US-Wirtschaft untersuchen sollte. TTIP steht für *Transatlantic Trade and Investment Partnership*. Ein politisch hoch umstrittenes Abkommen, das den Handel zwischen USA und EU erleichtern soll. Eine „Steigerung der Zahl der Arbeitsplätze" sei in den USA zu erwarten, so die in Washington vorgestellte Studie. Im Dienstleistungs-Sektor werde es „signifikantes Wachstum" geben. Auch der Automobil-Sektor profitiere. Auftraggeber der Untersuchung ist die Bertelsmann Foundation, der US-Ableger der Bertelsmann-Stiftung, gemeinsam mit der britischen Botschaft in Washington und der US-Denkfabrik Atlantic Council.[34]

Die Bertelsmann Foundation, die auch mit der Rockefeller Foundation zusammenarbeitet, legt sich mächtig ins Zeug, um TTIP in den USA populär zu machen. „USA und EU profitieren signifikant", berichtete die US-Stiftung am 17. Juni 2013. „TTIP: Exportzunahmen in den wichtigsten Industriesektoren der USA", hieß es am 10. März 2014. Seit 2014 tourt die US-Stiftung zudem mit einer *„TTIP Roadshow*" durch amerikanische Großstädte. Eine Veranstaltungsreihe, die von der EU-Kommission finanziell unterstützt wird. Die Road-show, heißt es auf der Webseite der Bertelsmann Foundation, zeige „die möglichen Vorteile eines Freihandelsabkommens zwischen EU und den USA".[35] Auch die Mutterstiftung in Gütersloh hat sich auf einen Pro-TTIP-Kurs festgelegt: „Die beiden Stiftungen stehen dem Ansatz, durch ein Freihandelsabkommen für positive Impulse für Wachstum und Beschäftigung in EU und USA zu sorgen, grundsätzlich positiv gegenüber." Die Gütersloher Stiftung bemängelt lediglich „die fehlende Einbindung der Zivilgesellschaft" und „die mangelnde Transparenz des Verhandlungsprozesses".[36]

Gewerkschaften, Globalisierungskritiker, Kulturschaffende oder Kommunen warnen jedoch vor TTIP. Sie bezweifeln, dass der Handelsvertrag viele Jobs bringt. Sie fürchten, dass Arbeitnehmerrechte, Verbraucherschutz, öffentliche Kulturförderung und kommunale Unternehmen ausgehebelt werden. Vor allem kritisieren sie die geplanten Investor-Staat-Klageverfahren: Unternehmen erhalten das Recht, die USA oder EU-Mitgliedstaaten vor einem Sondergericht zu verklagen, wenn sie ihre Investitionen durch neue Gesetze oder Verordnungen gefährdet sehen. Mehr als 3,2 Millionen Menschen unterschrieben inzwischen den Appell der Europäischen Bürgerinitiative gegen TTIP und das europäisch-kanadische Handelsabkommen CETA.[37]

Für Christoph Scherrer, Professor an der Universität Kassel und Experte für internationale Handelsabkommen, steht fest, dass der Bertelsmann-Konzern von TTIP profitieren wird. Bertelsmann sei „einer der weltweit größten Medienkonzerne mit Schwerpunkt in Europa und den USA". Zwar verfüge die EU-Kommission im Rahmen von TTIP derzeit nicht über das Mandat, über Medien-Dienstleistungen zu verhandeln, erklärt Scherrer. Doch Medienkonzerne profitierten auch von der „Stärkung ihrer Rechte gegenüber den Produzenten von Inhalten" und von der „Lockerung des Datenschutzes". Für Medienkonzerne sei es wichtig, Daten über ihre Kunden auswerten zu können. Professor Scherrer betont: Der Bertelsmannn-Konzern habe nun im Rahmen der TTIP-Verhandlungen die Chance, gemeinsam mit US-amerikanischen Medienkonzernen und Internetdienstleistern „seine Interessen zu verwirklichen".

Gleichwohl sieht Professor Scherrer die Bertelsmann-Stiftung bei TTIP nicht als Erfüllungsgehilfin des Konzerns. Aufgabe der Stiftung sei nach dem Willen von Reinhard Mohn „die allgemeine Absicherung einer kapitalistischen Wirtschaftsordnung". Aart De Geus, der Vorstandsvorsitzende der Bertelsmann-Stiftung, stamme aus dem niederländischen sozialkatholischen Lager. Bevor er zur Stiftung kam, bekleidete er den Posten des stellvertretenden Generalsekretärs der OECD. In diesem Milieu, so Scherrer, herrsche der Glaube sowohl an Konzern-Freihandel als auch am Bündnis der reichen kapitalistischen Länder. „Diese Überzeugungen reichen voll für ein nachdrückliches Engagement für TTIP", sagt Christoph Scherrer.

Der Kölner Verein Lobbycontrol geht einen Schritt weiter: „Wenn eine Stiftung ihre Steuervorteile nutzt, um Stimmung für ein Freihandelsabkommen zu machen, von dem der mit ihr eng verzahnte Dienstleistungskonzern profitieren könnte, wirft dies zumindest Fragen auf." Es stelle sich die Frage, ob die Stiftung „noch im Rahmen ihres gemeinnützigen Charakters handelt".[38] Lobbycontrol übergab der Gütersloher Großstiftung einen offenen Brief mit der Forderung, „ihre TTIP-Aktivitäten einzustellen". Fast 19.000 Frauen und Männer hatten unterschrieben.

Die Kölner Lobbykritiker prangern zudem an, dass Viviane Reding, die ehemalige EU-Kommissarin, dem Kuratorium der Bertelsmann-Stiftung angehört. Reding war in der EU-Kommission ab 1999 für Medien und Bildung zuständig. Laut Lobbycontrol verantwortete sie später auch Datenschutz-Themen. Inzwischen sitze die Luxemburgerin im handelspolitischen Ausschuss des EU-Parlaments, berichtet Lobbycontrol-Mitarbeiter Max Bank. „Bertelsmann profitiert enorm vom politischen Insiderwissen Redings", fasst Bank zusammen. Er spricht von „Interessenkonflikt" und fordert: „Reding sollte auf den Kuratoriumsposten verzichten."[39]

Was sagen Bertelsmann-Konzern und Bertelsmann-Stiftung zu den Äußerungen von Professor Scherrer und Lobbycontrol? „Die Aussagen von Herrn Professor Scherrer kommentieren wir nicht“, erklärt Andreas Grafemeyer, der für die Unternehmenskommunikation bei Bertelsmann tätig ist. Er äußert sich aber zu TTIP: Dieses Abkommen sei eine „historische Chance für die Gestaltung der zukünftigen Handelsbeziehungen zwischen den Vereinigten Staaten und Europa“, so Grafemeyer. „Als internationales Medienunternehmen haben Kreativität und kulturelle Vielfalt für uns eine große Bedeutung.“ EU und USA sollten sich auf „einen ausgewogenen Rahmen verständigen, der Märkte öffnet und kulturelle Vielfalt sichert“. Der Unternehmens-Sprecher weiter: „Urheberrechte sind die Grundlage für Innovationen und wirtschaftliches Wachstum der gesamten Industrie.“ Bertelsmann sei deshalb der Überzeugung, „dass die Sicherung des geistigen Eigentums im Rahmen des Transatlantischen Freihandelsabkommens eine zentrale Rolle spielen muss“. Diese Position des Unternehmens zu TTIP sei „völlig unabhängig“ zu den Äußerungen der Bertelsmann-Stiftung, betont Andreas Grafemeyer. Bertelsmann und die Bertelsmann-Stiftung als Aktionärin seien „getrennte Organisationen.“ „Wir bitten um Berücksichtigung.“[40] Die Bertelsmann-Stiftung äußert sich auf meine Anfrage nicht.

6. Wie Stiftungen die Kluft zwischen West- und Ostdeutschland vergrößern

„Ganz viel Plastik." Therese Wilken, 59 Jahre, deutet auf den Müll in ihrem halbvollen Eimer. Auch Bonbontüten, Kronkorken und Scherben von Bierflaschen liegen darin. „Jugendliche haben hier eine Fete gefeiert", erklärt Therese Wilken. Sie gehört zu den Aktivisten, die heute Vormittag den Strand aufräumen – in Wendorf, einem Ortsteil der Ostsee-Hafenstadt Wismar. Gut 60 Frauen und Männer, ausgestattet mit Anorak, Overall und Arbeitshandschuhen, schwärmen an diesem kühlen Juni-Samstag aus. Vom Meer weht eine leichte Brise, die Wellen zeigen Schaumkronen.

Zum „Subbotnik", dem freiwilligen Arbeitseinsatz am Samstag, hatte die Mecklenburger AnStiftung aufgerufen. Der Wendorfer Strand, einst als „Seebad" bekannt, habe „seinen ursprünglichen Glanz eingebüßt". Er werde von Sonnenliebhabern und Schwimmbegeisterten kaum noch genutzt. Mit „tatkräftiger Unterstützung seitens Einheimischer" gelte es, dies zu ändern, fordert die Stiftung auf ihrer Homepage.[41] Sie plant eine Ausstellung mit historischen Fotos vom Seebad – um zu zeigen, wie schön es hier einst war.

MECKLENBURGER ANSTIFTUNG

Sitz: Wismar.

Gegründet: 2005.

Fördert Bürgerengagement, Theaterprojekte, eine Geschichtsinitiative, Workshops zur politischen Bildung von Jugendlichen.

Gestiftet von Wolf Schmidt, heute Stiftungsberater, zuvor 27 Jahre bei der Hamburger Körber-Stiftung beschäftigt.

Gegründet mit einem Stiftungsvermögen von 20.000 Euro.

Jährliche Ausgaben: Keine Angaben.

Auch Ronny ist dem Subbotnik-Aufruf gefolgt. „Ich gehe täglich mit dem Hund hier spazieren“, sagt der 31-jährige. Ganz in schwarz gekleidet, Piercings im Gesicht, lädt er nun Gartenabfälle in einen Container. Zweige, vermodertes Laub, Rasenschnitt, Holzreste – alles von benachbarten Kleingärtnern abgeladen, erfahre ich. Wenige Hundert Meter weiter arbeiten Sylvia Wandelt, eine sportliche 50-jährige, und ihre Mitstreiterin, die eine orangefarbene Windjacke trägt. Sie klauben alte, fünf Zentimeter lange Nägel aus dem Sand. Gefährlich nicht nur für Kinder. „Hier wurde gegrillt und altes Holz verbrannt“, vermutet Sylvia Wandelt. Das Gebüsch am Rande des Strandes haben die beiden bereits gesäubert. Welche Abfälle sie dort fanden? „Einen String-Tanga und ein Kondom“, lacht die Frau in der orangenen Jacke. Andrea Vogler-Lehmann, die Geschäftsführerin der Stiftung, kommt hinzu: „Suppe gibt's schon um zwölf!“

Die Mecklenburger AnStiftung, gegründet 2005, will „zu Initiativen anstiften“.[42] Im Stiftungsrat sitzen unter anderem eine Akademische Oberrätin, ein Unternehmer und ein Landtagsabgeordneter der SPD. Die Wismarer Stiftung gehört zu einer seltenen Spezies. Denn Stiftungen in den neuen Bundesländern sind dünn gesät. Mecklenburg-Vorpommern kommt gerade mal auf zehn Stiftungen pro 100.000 Einwohner. In Sachsen und Sachsen-Anhalt sind es jeweils zwölf, in Brandenburg acht. Zum Vergleich: Bayern meldet 30 Stiftungen pro 100.000 Einwohner, Niedersachsen 28 und NRW 23.[43]

Stiftungen finden sich dort, wo die großen privaten Vermögen zuhause sind. Also vor allem in den Städten der alten Bundesländer. Deutschlands Stiftungshauptstadt ist Würzburg (91 Stiftungen pro 100.000 Einwohner), gefolgt von Frankfurt am Main, Hamburg, Oldenburg und München.

„Ich selbst empfinde es als einen Glücksfall, dass wir in Deutschland ziemlich genau seit der Reform des Stiftungsrechts unter der rot-grünen Koalition einen wahren Boom bei den Stiftungsgründungen haben."

Peer Steinbrück,
SPD, am 10. Mai 2007, damals Bundesfinanzminister[44]

Gleichzeitig gilt: Viele Stiftungen in den alten Bundesländern denken gar nicht daran, Projekte in den neuen Bundesländern zu fördern. Obwohl die Mehrheit der Menschen in Brandenburg, Sachsen-Anhalt oder Thüringen Unterstützung weit stärker benötigen würde als die Bevölkerung in Hessen, Bayern oder Baden-Württemberg. Schließlich gilt auch 25 Jahre nach dem Fall der Mauer: Die Arbeitslosigkeit ist in der ehemaligen DDR deutlich höher. Ebenso die Kinderarmut. In den alten Bundesländern leben 13,7 Prozent aller Mädchen und Jungen unter 15 Jahren in Hartz-IV-Familien, den „SGB-II-Bedarfsgemeinschaften". In den neuen Bundesländern liegt diese Quote bei 23,1 Prozent.[45] Ländliche Regionen im Osten leiden zudem häufig unter Überalterung, Abwanderung und Dorfsterben.

Hier einige West-Stiftungen, die laut eigenen Angaben lediglich ihre Heimatregion fördern:

» Possehl-Stiftung: Projekte in Lübeck.
» Stiftung Polytechnische Gesellschaft: Frankfurt am Main.
» Brost-Stiftung: Essen und Ruhrgebiet.
» Deutsche-BP-Stiftung: Nordrhein-Westfalen.
» Hans-Erich-und-Marie-Elfriede-Dotter-Stiftung: Region Darmstadt und Eberstadt.
» Friedel & Gisela-Bohnenkamp-Stiftung: Region Osnabrück.
» Wolfgang & Elisabeth-Grupp-Stiftung: Region Burladingen/ Schwäbische Alb und Umgebung.
» Dietmar-Hopp-Stiftung: Region Rhein-Neckar.

Dietmar Hopp, der SAP-Milliardär, erklärt, warum sich seine Stiftung auf die ohnehin wohlhabende Region zwischen Mannheim und Heidelberg beschränkt. Auch hier, so Hopp, sei der Bedarf „so groß, dass es Sinn macht, ausschließlich hier zu fördern". Doch vor allem nennt er organisatorische Gründe: „Wir haben eine Geschäftsstelle mit sechs Mitarbeitern, die die geförderten Projekte begleiten und kontrollieren. Das können wir nur im überschaubaren Rahmen machen." Da er schon immer im Großraum Heidelberg wohne, kenne er zudem viele Menschen und Organisationen hier, so Dietmar Hopp. Dazu gehöre das Universitätsklinikum Heidelberg, wo die Hopp-Stiftung immer wieder für medizinische Vorhaben spende. „Dann fällt es wirklich leichter, Projekte zu beurteilen."[46]

DIETMAR-HOPP-STIFTUNG

Sitz: St.Leon-Rot bei Heidelberg.
Gegründet: 1995.
Geschäftsführer der Stiftung: Dietmar Hopp, Milliardär, Mäzen des Bundesligavereins TSG 1899 Hoffenheim, Mitgründer des Softwareunternehmens SAP.
Fördert vor allem Sport, Bildung, Soziales im Großraum Mannheim-Heidelberg.
Vermögen: 4,3 Mrd. Euro (2014)
Jährliche Ausgaben: 41 Mio. Euro (2014)

Sorgen Stiftungen etwa dafür, dass der Graben zwischen West- und Ostdeutschland noch tiefer wird? Davon will Professor Hans Fleisch, der Generalsekretär des Bundesverbandes Deutscher Stiftungen, nichts wissen. Er verweist auf Stiftungen, die zwar im Westen sitzen, aber auch im Osten aktiv sind. Er nennt die Hamburger Körber-Stiftung, die auch in Dresden förderte. Oder die Nordmetall-Stiftung, ebenfalls aus Hamburg, die in den Nord-Regionen einschließlich Mecklenburg-Vorpommern tätig ist. Weiteres Beispiel: Die Freudenberg-Stiftung in Weinheim bei Heidelberg. Eine Stiftung, so Fleisch, „die sich in den neuen Bundesländern auch um die Bekämpfung des Rechtsextremismus verdient macht". Doch der

Stiftungslobbyist räumt ein: „Stiftungen fehlen überall, aber im Osten fehlen sie besonders deutlich."

Auch die AnStiftung stützt sich auf einen Partner aus dem Westen. Sie wird von der Herbert-Quandt-Stiftung mit Sitz in Bad Homburg gefördert. Man sehe in Mecklenburg-Vorpommern „besonderen Förderbedarf", erklärt die Bad Homburger Stiftung: „Zumal in diesem Bundesland bislang vergleichsweise wenige Stiftungen existieren."[47]

HERBERT-QUANDT-STIFTUNG

Sitz: Bad Homburg, Repräsentanz in Berlin.
Gegründet: 1980.
Benannt nach dem Investor Herbert Quandt
(Batteriehersteller Varta, BMW).
Themen: Bürgergesellschaft, Interkultureller Dialog.
Vergibt Journalistenstipendien.
Stiftungsvermögen: über 40 Mio. Euro.
Jährliche Ausgaben: Keine Angaben.

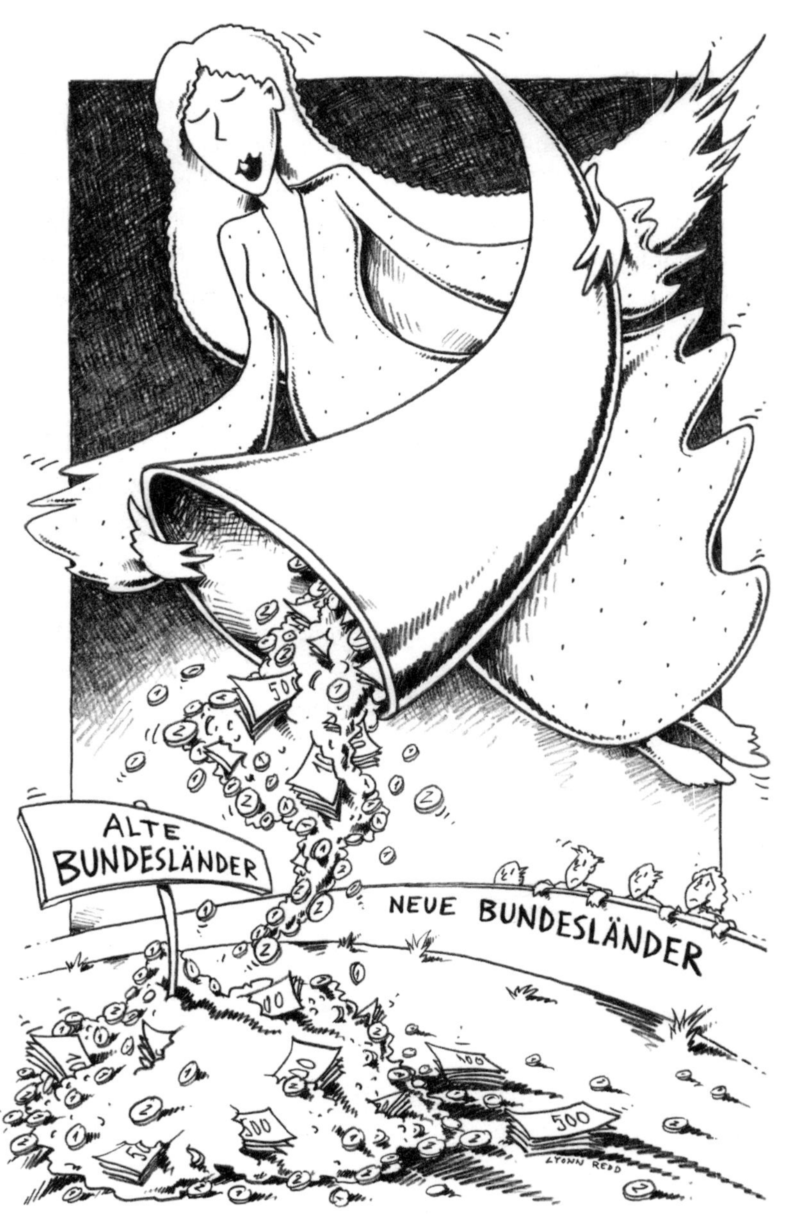
ALTE
BUNDESLÄNDER
NEUE BUNDESLÄNDER
500
500
LYONN REDD

7. Stiftungen und Ehrenamt

Wismar, Ortsteil Wendorf. Die Aufräumaktion am Ostsee-Strand geht in die zweite Stunde. Zu den freiwilligen Helfern zählt Tilo Gundlack. Der 46jährige vertritt die SPD im Landtag von Mecklenburg-Vorpommern. Außerdem amtiert er als Präsident des Stadtparlaments von Wismar. „Ist es nicht Aufgabe der Stadt, den Strand sauber zu halten?", frage ich ihn. „Was heißt Aufgabe der Stadt?", entgegnet Gundlack. „Es geht darum, dass die Bürger mehr Verantwortung übernehmen."

Die Frauen und Männer haben inzwischen zwei Container mit Müll und Grünabfällen gefüllt. „Wismar TV" hat die Aktion gedreht, ein Reporter der Lokalzeitung schaute vorbei. Es ist kurz vor zwölf Uhr. Die Sonne scheint. Ein Helfer teilt kostenlose Erbsensuppe aus. Die 60 Frauen und Männer sitzen unter freiem Himmel an langen Biertischen und lassen sich's schmecken. Es wird erzählt und gelacht. „Man kommt ins Gespräch, das ist mir wichtig", sagt Karin Lechner, 71 Jahre alt.

„Schön, wenn Menschen sich für andere engagieren", urteilt die Kölner Autorin Claudia Pinl, die zum Thema Ehrenamt publiziert.[48] „Es hilft auch den Helfenden, macht zufrieden, vermittelt neue Einsichten und Kontakte." Pinl sieht allerdings auch etliche kritische Punkte. „Vor lauter Begeisterung über bürgerschaftliches Engagement sehen wir nicht, woher die vielen Armen im Land kommen." Es bestehe ein Zusammenhang zwischen „kaputt gesparten Kommunen, Einschnitten im sozialen Netz, der Konzentration des Reichtums bei wenigen und den Dauer-Appellen an uns, bitte mit auszuhelfen". Pinl verweist auf bundesweit 23 Millionen Freiwillige und deren „Gratisarbeit" in Pflegeeinrichtungen, Kitas oder Schwimmbädern. „Sie stopfen Löcher, die politische Entscheidungen ins Sozialwesen, die Bildung und die Infrastruktur gerissen haben." Und „werden von den Politikern am Ehrenamts-Tag dafür belobigt". „Warum", fragt die Publizistin, „noch für Arbeit bezahlen, wenn Ehrenamtliche sie umsonst oder für ein Taschengeld verrichten?"

Viele Stiftungen propagieren „bürgerschaftliches Engagement" und „Ehrenamt". Etwa die Bertelsmann-Stiftung, die Körber-Stiftung, die Berliner Stiftung Bürgermut, einzelne Sparkassen-Stiftungen oder die Herbert-Quandt-Stiftung. Letztere startete 2012 das Programm „Bürger.Innen.Land – Für eine aktive Zivilgesellschaft in Mecklenburg-Vorpommern". Das Programm will „engagierten Bürgern helfen, den gesellschaftlichen Zusammenhalt zu stärken". Die Quandt-Stiftung fördert in Anklam/Vorpommern ein Zentrum, das die Arbeit von Freiwilligen koordiniert. In Demmin, wo Arbeitslosigkeit und Abwanderung hoch sind, half sie, ein „Zentrum für bürgerschaftliches Engagement" aufzubauen. Das Programm „Bürger.Innen.Land", angelegt auf fünf Jahre, erhält von der Quandt-Stiftung eine Million Euro.[49] Bürgerinnen und Bürger sollen jedoch „keinen Ersatz für die öffentliche Daseinsvorsorge leisten", beteuert die Bad Homburger Stiftung. Bürgerliches Handeln sei „eine Ergänzung zu den bestehenden, demokratisch legitimierten Tätigkeiten des Staates".[50]

Die Herbert-Quandt-Stiftung entstand auf Initiative des Chemie-Unternehmens Altana, an dem Susanne Klatten beteiligt ist. Susanne Klatten ist eine Tochter des 1982 verstorbenen Investors Herbert Quandt. Das private Vermögen der Quandts 2015 wird vom „Manager Magazin" auf 26,5 Milliarden Euro beziffert – damit sind die Quandts die reichste Familie Deutschlands.

Susanne Klatten ist Unternehmerin und tritt als Mäzenin und Stifterin auf, Steuern zahlt sie offenbar nicht so gern. Diesen Eindruck erweckte sie zumindest im Jahr 2006. Damals geriet die Multi-Milliardärin in die öffentliche Kritik, nachdem das Unternehmen Altana AG seine Pharmasparte laut Presseberichten für 4,6 Milliarden Euro verkauft hatte. Wie die Frankfurter Allgemeine Zeitung schrieb, kassierte Susanne Klatten anschließend eine Rekord-Dividende von mehr als zwei Milliarden Euro. Altana-Kleinaktionäre waren gezwungen, ihre Dividende zu versteuern. Susanne Klatten jedoch schaltete eine Kapitalgesellschaft dazwischen – und erreichte laut FAZ, dass sie lediglich auf fünf Prozent der Milliarden-Dividende Steuern zahlen musste.[51] „Die Einbringung der Altana-Aktien in eine Kapitalgesellschaft war für Frau Klatten die beste Option", erklärt ein Sprecher der Familie Quandt auf Anfrage. „Da sie das Ziel verfolgte, mit der Sonderausschüttung weiter unternehmerisch und wertschöpfend zu investieren – was auch geschehen ist."[52]

Übrigens: Im Mai 2015 gab die Bad Homburger Quandt-Stiftung bekannt, dass sie „Bürger.Innen.Land" durch die Mecklenburger AnStiftung weiterführen lässt. Dieses Programm zu verantworten, „passt sehr gut zu unseren anderen Aktivitäten", freut sich Wolf Schmidt vom Stiftungsrat der AnStiftung.[53]

Bei meinem Besuch in Wismar erfahre ich, dass auch Stiftungsrat und Geschäftsstelle der AnStiftung mit Ehrenamtlern besetzt sind. Mit Ausnahme von Sebastian Kalden, Projektmanager der Quandt-Stiftung. Der Familienvater arbeitet für die AnStiftung mit halber Stelle in Schwerin, befristet bis Dezember 2016.[54] Eine weitere Ausnahme bildet Andrea Vogler-Lehmann. Sie ist seit Juni 2015 Geschäftsführerin der AnStiftung, ebenfalls mit halber Stelle und befristet bis Dezember 2016. Ehrenamtlich engagiert sich die 53-jährige in einem Archiv-Verein und im Wismarer Ableger eines US-amerikanischen Frauen-Netzwerks. „Für die Vernetzungsarbeit ideal", sagt Andrea Vogler-Lehmann.[55]

„Wenn Reiche mit ihrem Geld Gutes tun,
Wissenschaft fördern, Talente fördern – dann ist das doch gut.
Es kommt ja der Allgemeinheit zugute.
Damit wird der Staat etwas entlastet.
Der Staat kann gar nicht alles schaffen."

Friede Springer,
Großaktionärin der Axel Springer SE und Stifterin, 2011[56]

8. Bosch, Bertelsmann, Krupp: Dienen gemeinnützige Stiftungen vor allem dem Unternehmen?

Elektronik für Autos, Akkuschrauber, Waschmaschinen, vernetzte Hausgeräte, Antriebe für Elektro-Fahrräder – all das produziert der Weltkonzern Robert Bosch GmbH. Das Unternehmen macht 64 Milliarden Euro Umsatz und beschäftigt rund 357.000 Menschen, auch in China, Indien, Korea, USA und Brasilien.[57]

Der Stuttgarter Konzern gehört zu 92 Prozent der gemeinnützigen Robert-Bosch-Stiftung. Zu sagen hat die Bosch-Stiftung im Unternehmen allerdings nichts – sie besitzt keine Stimmrechte. Ganz anders verhält es sich mit einer Einrichtung namens Robert Bosch Industrietreuhand KG. Die KG hält 0,01 Prozent der Anteile – aber 93 Prozent der Stimmrechte.[58]

Eine derartige Verbindung zwischen Unternehmen und gemeinnütziger Stiftung habe viele Vorteile, betont der Bundesverband Deutscher Stiftungen. So bestehe keine Gefahr, dass ein Streit unter Firmenerben den Konzern in Gefahr bringt. Auch feindliche Übernahmen, etwa durch Investoren aus dem Ausland, könne es nicht geben.

Und welche Vorteile hat die Allgemeinheit? Dem Unternehmen Bosch geht es wirtschaftlich glänzend. Sagenhafte 2,6 Milliarden Euro Gewinn – nach Abzug der Steuern – erzielte Bosch 2014. Doch die Stiftung sieht davon erstaunlich wenig. Laut Geschäftsbericht 2014 schüttete Bosch an seine Anteilseigner gerade mal 176 Millionen Euro als Dividende aus. Das entspricht 7 Prozent vom Nettogewinn.[59] Nur 7 Prozent! Der Rest blieb im Unternehmen. 2012 zeigte sich Bosch noch knauseriger: Lediglich 3,7 Prozent des Nettogewinns gingen an die Anteilseigner. Andere Unternehmen, die sich ganz oder überwiegend in Stiftungsbesitz befinden, sind spendabler. So schüttete Bertelsmann 2014 rund 20 Prozent vom Konzernergebnis an die Aktionäre aus, also vor allem an die Bertelsmann-Stiftung. Der Lübecker Mischkonzern Possehl zahlte in den vergangenen Jahren zwischen 15 Prozent und 31 Prozent an die Possehl-Stiftung.

Ich greife zum Taschenrechner, tippe ein paar Zahlen ein und schon wird klar: Wenn Bosch die Ausschüttungsquote auf 14 Prozent erhöhen würde, dann kämen, auf Basis der Zahlen von 2014, bei der Bosch-Stiftung rund 160 Millionen Euro zusätzlich an. Pro Jahr. Was sich mit diesem Geld finanzieren ließe!

Die Stiftung verschaffe Bosch „einen enormen Wettbewerbsvorteil", urteilte das „Manager Magazin" bereits 2011. Solche Modelle funktionierten allerdings nicht immer, warnte die Zeitschrift. „Andernorts gehen Finanzbehörden bei derart geringen Dividenden schon mal von einer verkappten Unternehmensstiftung aus."[60] Verkappte Unternehmensstiftung bedeutet: Nicht die Allgemeinheit, sondern die Interessen des Unternehmens stehen im Vordergrund der Stiftung. Von Gemeinnützigkeit kann dann nicht mehr die Rede sein. Bosch rechtfertigt sich: „Da die Robert Bosch GmbH kein börsennotiertes Unternehmen ist, kann sie ihr Wachstum auch nicht durch eine Kapitalmarktfinanzierung mittels Ausgaben von Aktien darstellen." So formulierte es Bosch-Pressesprecher Ulf-Malte Wünsch im Jahr 2012. Das Unternehmen sei deshalb darauf angewiesen, sein Wachstum selbst zu finanzieren. „Dies geht nur dadurch, dass erwirtschaftete Gewinne größtenteils im Unternehmen thesauriert – also wieder angelegt – werden."

Zu den Kritikern des Modells Bosch-Stiftung gehört Dieter Reuter, Rechtsprofessor im Ruhestand an der Universität Kiel. Reuter ist nicht irgendjemand. Er verfasste den Kommentar zu den stiftungsrechtlichen Vorschriften des Bürgerlichen Gesetzbuchs (BGB) und äußerte sich dort auch zum Thema Gemeinnützigkeit. „Auch wenn manche das nicht wahrhaben wollen", schreibt Reuter im BGB-Kommentar mit Blick auch auf die Bosch-Stiftung, „Maßstab" für die Fähigkeit einer Stiftung, ihren Zweck nachhaltig zu erfüllen, sei nicht, „dass sie ihre Vermögenssubstanz nachhaltig vermehrt, sondern dass sie ihre gemeinnützigen Aufgaben nachhaltig erfüllen kann".[61]

Reuter betont: Das Gemeinnützigkeitsrecht schreibt vor, dass eine Stiftung höchstens ein Drittel ihrer Erträge thesauriert, also dem Stiftungsvermögen zuführt. Wenn allerdings eine Stiftung ihr Vermögen in einem Unternehmen angelegt habe, das seine Erträge zu 80 Prozent und mehr thesauriere, so könne dies, so Reuter, „nicht ohne Folgen für die Gemeinnützigkeit bleiben." Deutliche Worte. Nur zu gerne hätte ich gewusst, was das für die Bosch-Stiftung zuständige Finanzamt in Stuttgart dazu sagt. Doch ich bekomme keine Auskunft. Warum das Finanzamt eine Stiftung als gemeinnützig anerkennt, das fällt unter das Steuergeheimnis.

Dass die Bosch-Stiftung mit Mini-Anteilen vom Unternehmensgewinn abgespeist wird, ist für deren Geschäftsführer Professor Joachim Rogall kein Problem. „Das Geld, das vom Unternehmen reinvestiert wird, ist für uns eine ideale Kapitalanlage", betont Rogall. Er räumt ein, dass die Ausschüttungen „bescheiden" seien. Doch damit habe die Stiftung die Sicherheit, „dass selbst in einem Krisenjahr wie 2009, als Bosch einen Milliardenverlust machte, unsere Dividende nicht sinkt". Zu meiner Verwunderung erklärt Professor Rogall, dass sich die Stiftung mit ihren 150 Mitarbeitern auch gar nicht in der Lage sehe, einen größeren Etat zu verwalten. Angesichts der hohen Qualitätsansprüche, die die Stiftung verfolge, so Rogall, „können wir im Moment viel mehr Geld gar nicht ausgeben". Joachim Rogall versichert, dass die Bosch-Stiftung den Gemeinnützigkeits-Vorschriften genüge. „Das wird von der Finanzverwaltung regelmäßig kontrolliert."[62]

Professor Reuter kritisiert im BGB-Kommentar auch den verstorbenen Bertelsmann-Patriarchen Reinhard Mohn. Der habe öffentlich „die Unterordnung der Bertelsmann-Stiftung unter das Unternehmensinteresse" bekannt. Der Stiftungsexperte Professor Reuter weiter: Wie die Genehmigungsbehörde in NRW „trotz einer derart institutionalisierten Herrschaft des Unternehmensinteresses" habe bejahen können, dass die dauernde Erfüllung des offiziellen gemeinnützigen Zwecks gesichert erscheine, sei „unerfindlich".

Die zuständige Genehmigungsbehörde, die Bezirksregierung Detmold, erklärt dazu auf Anfrage: Die Bertelsmann-Stiftung sei 1977 nach dem damals gültigen Stiftungsgesetz anerkannt worden. Seitdem habe die Stiftung ihre Satzung mehrfach geändert. Auch die heutige Satzung sei „mit dem Stiftungsgesetz NRW im Einklang".[63] Die Bertelsmann-Stiftung gibt sich zugeknöpft. „Zu den Punkten, die Sie uns vorlegen, hat die Bertelsmann-Stiftung mehrfach öffentlich Stellung genommen", schreibt mir die Pressestelle. Alle Informationen „entnehmen Sie bitte unserer Webseite und unseren Publikationen".[64] Doch dort finde ich kein Wort zum Vorwurf von Professor Reuter.

Stiftungsexperte Reuter beanstandet auch das Verhalten der 1967 gegründeten Krupp-Stiftung. Die hält als größte Einzelaktionärin 23 Prozent an der ThyssenKrupp AG. Alfried Krupp von Bohlen und Halbach, der letzte Krupp-Erbe, hatte verfügt, dass sein gesamtes Vermögen an die Stiftung fällt. Alfried Krupp habe laut Reuter den Wunsch geäußert, „den Unternehmenszusammenhalt zum Stiftungszweck zu machen". Es sei bei diesem Wunsch geblieben, betont Reuter in der Hamburger „Zeitschrift für das Recht der Non-Profit-Organisationen": „Weil ein solcher Stiftungszweck nicht als gemeinnützig hätte anerkannt werden können." Dennoch habe sich die gemeinnützige Krupp-Stiftung so verhalten, als stünde der Unternehmenszusammenhalt im Vordergrund. „Zunächst hat sie die angesichts der Wettbewerbssituation auf dem Weltmarkt dringende Fusion der Stahlproduzenten im Ruhrgebiet (...) blockiert", schreibt Professor Reuter. Und warum? Weil die Stiftung durch eine Fusion „den bestimmenden Einfluss auf das Unternehmen verloren hätte". Nachdem Krupp mit Thyssen im Jahr 1998 schließlich doch zusammenging, besaß die Krupp-Stiftung nur noch 16 Prozent der Anteile am neuen Unternehmen. Anschließend, so Reuter, „hat sie ihre Einkünfte, anstatt den gemeinnützigen Zweck zu bedienen, in der Folgezeit zur Aufstockung ihres Anteils auf eine Sperrminorität von über 25 Prozent eingesetzt". „Politisch abhängige Verwaltungsbehörden" hätten dies geduldet. Krupp stehe allerdings nicht allein. Professor Reuter verweist auf eine Studie, der zufolge „einige Stiftungsbehörden" von „politischem Druck" und „politischer Kungelei" berichteten.[65]

Das nordrhein-westfälische Finanzministerium erinnert an das Steuergeheimnis und will sich deshalb zur Krupp-Stiftung nicht äußern. Laut Abgabenordung gelte aber: Steuerbegünstigte Stiftungen dürfen eigene Mittel „zum Erwerb von Gesellschaftsrechten zur Erhaltung der prozentualen Beteiligung an einer Kapitalgesellschaft einsetzen". Auch die Aufstockung eines Anteils sei möglich.[66] Fest steht: In den USA hätte die Krupp-Stiftung gesetzeswidrig gehandelt. Wie bereits erwähnt, darf in den USA keine gemeinnützige Stiftung mehr als 20 Prozent einer Kapitalgesellschaft, also einer

AG oder GmbH, besitzen. Und was sagt die Krupp-Stiftung dazu? Nichts. „Die Stiftung nimmt aus grundsätzlichen Erwägungen zu Interpretationen keine Stellung", erklärt die Pressereferentin. „Dies bezieht sich auch auf die Ausführungen von Herrn Professor Dieter Reuter."[67]

Professor Reuter beanstandet: Seit 2002 propagiere man verstärkt Stiftungen als „ideales Mittel der Erhaltung und Weiterentwicklung von Familienunternehmen". Die Liste der unternehmensverbundenen Stiftungen, so Reuter, „liest sich inzwischen wie ein Gotha der großen deutschen Familienunternehmen".

KÖRBER-STIFTUNG

Sitz: Hamburg, Außenstelle in Berlin.
Gegründet: 1959.
Besitzt 100 Prozent der Aktien am Maschinenbau-Unternehmen Körber AG (12.000 Beschäftigte, 2,3 Mrd. Euro Umsatz).
Engagiert sich für Bildung, Wissenschaft, politischen Austausch, Kultur.
Zum Stiftungsrat gehören unter anderem:
Peter Frey (ZDF-Chefredakteur), Sabine Bergmann-Pohl (ehemalige Bundesministerin für besondere Aufgaben, letzte Präsidentin der DDR-Volkskammer), Fritz Vahrenholt (ehemaliger Umweltsenator Hamburgs, RWE-Manager).
Vermögen: 513 Mio. Euro („Buchwert" in 2014).
Der Verkehrswert wird nicht genannt.
Jährliche Ausgaben: ca. 17 Mio. Euro.

Ganz oder zu großen Teilen im Besitz einer gemeinnützigen Stiftung befinden sich neben Bosch und Bertelsmann auch folgende Großunternehmen:

» Fresenius SE & Co. KGaA, Bad Homburg (Medizintechnik, private Kliniken)
» Mahle GmbH, Stuttgart (Automobilzulieferer)
» Körber AG, Hamburg (Maschinenbau)
» dm-drogerie markt GmbH & Co. KG., Karlsruhe (Drogeriemärkte)
» L. Possehl & Co. mbH, Lübeck (Mischkonzern)

Im April 2015 gab der Hamburger Milliardär Michael Otto bekannt, dass er seine Mehrheitsbeteiligung an der Otto-Gruppe (Otto-Versand, Hermes-Paketdienst) in eine neue gemeinnützige Stiftung übertragen wird. Laut NDR besitzen Ottos Anteile einen Wert von „mehreren Milliarden Euro".[68] Wie die Hamburger Stiftungsexpertin Professor Birgit Weitemeyer berichtet, plant auch Klaus-Michael Kühne, seinen Logistik-Konzern einer Stiftung zu übergeben.[69]

POSSEHL-STIFTUNG

Sitz: Lübeck.
Gegründet: 1919.
Besitzt 100 Prozent der Anteile am Mischkonzern L. Possehl & Co.mbH (Baugewerbe, Druckmaschinen, Edelmetallverarbeitung, und anderes; 11.900 Beschäftigte; 3,2 Mrd. Euro Umsatz).
Fördert Denkmalschutz, Bildung, Soziales, Kultur in Lübeck.
Vermögen: keine Angabe.
Jährliche Ausgaben: 28 Mio. Euro (2014).

Auch mittelständische Unternehmer haben sich entschieden, dem Beispiel Bosch und Bertelsmann zu folgen. Beispiele:

» Vector Informatik GmbH, Stuttgart (Auto-Elektronik, 1.300 Beschäftigte)

» Trost Auto Service Technik SE, Stuttgart (Autoteile-Großhandel, 4.000 Beschäftigte)
» Dr. Johannes Heidenhain GmbH, Traunreut/Bayern (Mess- und Steuerungstechnik, 6.000 Beschäftigte)
» Bohnenkamp AG, Osnabrück (Reifen, Räder, rund 240 Beschäftigte)

Im niederrheinischen Neukirchen/Vluyn kündigte Heinz Trox an, seine Anteile an der Trox GmbH (Klima- und Lüftungstechnik, 3.700 Beschäftigte) einer gemeinnützigen Stiftung zu übertragen.[70] „Ich hoffe, dass wir in den nächsten Jahrzehnten noch erheblich mehr Unternehmen in Stiftungsbesitz haben werden", gibt Hans Fleisch vom Bundesverband Deutscher Stiftungen zu Protokoll. Derlei Konstruktionen seien laut Fleisch „ein Win-win-Spiel für alle Beteiligten".

Stiftungsrechtlerin Birgit Weitemeyer widerspricht. Die genannten Stiftungen hätten „meist den Zweck, das Unternehmen zu erhalten. Es soll kein ausländischer Investor rein. Es soll kein Manager was verkaufen können. Es soll sich nichts ändern." Weitemeyer findet diese Entwicklung „bedenklich". Es sei volkswirtschaftlich nicht sinnvoll, wenn sich ein Unternehmen abschotte. Außerdem, so die Hamburger Professorin, sei dies „nicht Aufgabe des Stiftungsrechts". Birgit Weitemeyer weiß zwar, dass sie eine Minderheit unter den Stiftungsjuristen vertritt. Doch sie spricht Klartext: „Wir sagen, das ist eine verdeckte Unternehmensselbstzweck-Stiftung." Die Regelungen, die in den jeweiligen Stiftungs-Satzungen stehen, seien deshalb „eigentlich unwirksam". „Aber das ist noch nie vor Gericht durchgefochten worden", fasst Birgit Weitemeyer zusammen.[71]

„Die Stiftung kann natürlich auch – behutsam – zu Marketingzwecken eingesetzt werden. Wer einen eigenen Nutzen sieht, wird dies als Motiv sehen, das Gemeinwohl zu fördern. Der Nutzen beginnt beispielsweise damit, dass die Stiftung den Namen des eigenen Unternehmens trägt. Darüber hinaus kann sie als strategisches Kommunikationsinstrument eingesetzt werden. Man denke beispielsweise an ein Arzneiunternehmen, dessen Stiftung alljährlich Fortbildungsangebote für Medizinstudenten anbietet (...) Die zielführende Frage in diesem Kontext lautet: Wie kann mit der gemeinnützigen Stiftung die (zukünftige) Zielgruppe des Unternehmens erreicht und angesprochen werden?"

Jörg Martin, Stiftungsberater in Neuss, 2009[72]

1 Moritz Kralemann, Pressesprecher des Stifterverbandes, per E-Mail mit Datum vom 24.Juni 2015 an den Autor.

2 http://www.stifterverband.info/ueber_den_stifterverband/index.html; aufgerufen am 2.Juni 2015.

3 https://www.hochschulwatch.de/themen/stiftungsprofessuren.html; aufgerufen am 29.August 2015.

4 http://stifterverband.info/publikationen_und_podcasts/resuemee/wandel_gestalten/hochschulen_im_wandel/index.html; aufgerufen am 2.Juni 2015.

5 http://stifterverband.info/publikationen_und_podcasts/resuemee/wandel_gestalten/hochschulen_im_wandel/index.html; aufgerufen am 2.Juni 2015.

6 Siehe: Gewerkschaft Erziehung und Wissenschaft, Privatisierungsreport Nr. 6. Schöne neue Hochschulwelt, Frankfurt/Main, 2008, Seite 55.

7 https://www.econbiz.de/Record/public-private-partnership-neue-formen-zusammenarbeit-%C3%B6ffentlicher-wissenschaft-privater-wirtschaft-dokumentation-villa-h%C3%BCgel-gespr%C3%A4chs-november-1998/10001352006; aufgerufen am 2.Juni 2015.

8 Stifterverband für die Deutsche Wissenschaft/ Heinz Nixdorf-Stiftung, Leitlinien für die deregulierte Hochschule, Essen 2008.

9 Stifterverband für die Deutsche Wissenschaft/ Heinz Nixdorf-Stiftung, Leitlinien für die deregulierte Hochschule, Essen 2008, Seite 174.

10 Zitat von Dr. Jürgen Ederleh, ehemaliger Geschäftsführer der Hochschul-Informations-System GmbH, Hannover, in: Stifterverband für die Deutsche Wissenschaft/ Heinz Nixdorf-Stiftung, Leitlinien für die deregulierte Hochschule, Essen 2008, Seite 133.

11 http://www.che.de/cms/?getObject=260&strAction=show&PK_Projekt=58&getLang=de; aufgerufen am 2.Juli 2015.

12 http://stifterverband.info/wissenschaft_und_hochschule/hochschule_und_wirtschaft/hochschulforum_digitalisierung/index.html; aufgerufen am 13.Juli 2015.

13 http://www.che.de/cms/?getObject=5&getNewsID=1723&getCB=212&getPM&getLang=de; aufgerufen am 13.August 2015.

14 Hochschulforum Digitalisierung, Diskussionspapier, 20 Thesen zur Digitalisierung der Hochschulbildung, September 2015.

15 http://www.stifterverband.info/presse/pressemitteilungen/2015_09_09_digitalisierung_thesenpapier/index.html; aufgerufen am 12.September 2015.

16 https://www.cducsu.de/veranstaltungen/referenten/oliver-janoschka; aufgerufen am 12.September 2015.

17 Interview mit Volker Meyer-Guckel am 26.Juni 2015.

18 Franziska Reif, Kettenjobber, Leiharbeiter, Forschungsknechte, in: Spiegel Online, 29.Mai 2012; http://www.spiegel.de/karriere/berufsstart/wie-junge-wissenschaftler-an-den-unis-geknechtet-werden-a-835467.html; aufgerufen am 3.Juni 2015.

19 Vgl. http://www.templiner-manifest.de/; aufgerufen am 14.August 2015.

20 GEW, „Zeitverträge in der Wissenschaft: Tippelschritte führen nicht zur Reform", Presseerklärung vom 2.September 2015.

21 Stifterverband für die Deutsche Wissenschaft/ Heinz Nixdorf-Stiftung, Leitlinien für die deregulierte Hochschule, Essen 2008, Seite 8.

22 Jörg Dräger, Jedem seine eigene Vorlesung, in: DIE ZEIT, 21.November 2013.

23 http://www.bertelsmann.de/news-und-media/nachrichten/bertelsmann-investiert-in-indischen-hochschul-dienstleister-inurture.jsp; aufgerufen am 3.Juni 2015.

24 Bertelsmann legt Fonds für innovative Education-Angebote in Europa und USA auf, Pressemitteilung von Bertelsmann, 17.Januar 2012.

25 http://www.digitalisierung-bildung.de/; aufgerufen am 19.August 2015.

26 Stiftung Neue Verantwortung/ Vodafone Institut für Gesellschaft und Kommunikation, Policy Brief. Digitales Lernen fördern, rechtliche Hürden abbauen, Berlin, November 2013.

27 http://www.bertelsmann-stiftung.de/de/publikationen/publikation/did/wie-wirksam-sind-digitale-im-unterricht/; aufgerufen am 3.Juni 2015.

28 http://www.bertelsmann-stiftung.de/fileadmin/files/BSt/Publikationen/GrauePublikationen/Studie_IB_Wirksamkeit_digitale_Medien_im_Unterricht_2014.pdf; Seite 22; aufgerufen am 3.Juni 2015.

29 Lutz Goertz (MMB-Institut) im Auftrag der Bertelsmann-Stiftung, Digitales Lernen adaptiv. Technische und didaktische Potenziale für die Weiterbildung der Zukunft, Gütersloh 2014.

30 http://m.randomhouse.de/Buch/Die-digitale-Bildungsrevolution/Joerg-Draeger/DVA-Sachbuch/e394008.rhd; aufgerufen am 19.August 2015.

31 André Zimmermann, Pressesprecher der Bertelsmann-Stiftung, per E-Mail mit Datum vom 3.Juni 2015 an den Autor.

32 Reinhold Hedtke, Lucca Möller, Wem gehört die ökonomische Bildung? Notizen zur Verflechtung von Wissenschaft, Wirtschaft und Politik, Bielefeld 2011

33 Haspa Hamburg Stiftung, Jahresbericht 2014, Seite 6.

34 http://www.bfna.org/article/ttip-a-win-for-all-50-us-states; aufgerufen am 3. September 2015.

35 http://www.bfna.org/more_news_from_bfna; aufgerufen am 10. September 2015.

36 http://www.bertelsmann-stiftung.de/de/themen/aktuelle-meldungen/2014/mai/die-verhandlungen-zu-einem-transatlantischen-freihandels-und-investitionsschutzabkommen-ttip/; aufgerufen am 2.September 2015.

37 https://stop-ttip.org/de/; aufgerufen am 10.September 2015.

38 https://www.lobbycontrol.de/2015/07/trotz-kritik-von-fast-19-000-bertelsmann-stiftung-macht-weiter-lobbyarbeit-zu-ttip/; aufgerufen am 2.September 2015.

39 https://www.lobbycontrol.de/2015/06/tisa-berichterstatterin-reding-bleibt-in-bertelsmann-kuratorium/; aufgerufen am 2.September 2015.

40 Andreas Grafemeyer, Leiter Medien- und Wirtschaftsinformation – Unternehmenskommunikation der Bertelsmann SE & Co. KGaA, am 9. September 2015 per E-Mail an den Autor.

41 http://www.anstiftung-mv.de/projekte/balkon-fuer-wismar/; aufgerufen am 22.Juni 2015.

42 http://www.anstiftung-mv.de/projekte/warmup-jugendkultur-demokratie/; aufgerufen am 22.Juni 2015.

43 http://www.stiftungen.org/fileadmin/bvds/de/Forschung_und_Statistik/Statistik_2015/Stiftungs_Dichte_2014.pdf, aufgerufen am 22.Juni 2015.

44 Bundestagsdebatte am 10.Mai 2007, zitiert nach: Matthias Holland-Letz, Milliardenschwer und steuervergünstig. Wer kontrolliert die Stiftungen?, Deutschlandfunk, Sendung vom 23.Oktober 2012.

45 Bremer Institut für Arbeitsmarktforschung und Jugendberufshilfe (BIAJ), BIAJ-Kurzmitteilung vom 13.April 2015.

46 Ähnlich äußerte sich Dietmar Hopp im Frühjahr 2012 während eines Interviews, das der Autor im Auftrag des Deutschlandfunks mit ihm führte.

47 Roman Weigand, Pressesprecher der Herbert-Quandt-Stiftung, per E-Mail mit Datum vom 15.Juli 2015 an den Autor.

48 Zum Folgenden: Claudia Pinl, Freiwillig zu Diensten? Über die Ausbeutung von Ehrenamt und Gratisarbeit, Frankfurt am Main 2013.

49 http://www.herbert-quandt-stiftung.de/pressemeldungen/Mecklenburger_AnStiftung_uebernimmt_Programmleitung; aufgerufen am 11.August 2015.

50 Roman Weigand, Pressesprecher der Herbert-Quandt-Stiftung, per E-Mail mit Datum vom 15.Juli 2015 an den Autor.

51 Hanno Mußler, Bittere Pille für Altana-Aktionäre, in FAZ, 9.Januar 2007; http://www.faz.net/aktuell/finanzen/aktien/sonderausschuettung-bittere-pille-fuer-altana-aktionaere-1114142.html; aufgerufen am 22.Juni 2015.

52 Jörg Appelhans, Geschäftsführer der Consiqua GmbH, per E-Mail mit Datum vom 17.Juli 2015 an den Autor.

53 http://www.herbert-quandt-stiftung.de/pressemeldungen/Mecklenburger_AnStiftung_uebernimmt_Programmleitung; aufgerufen am 22.Juni 2015.

54 http://www.anstiftung-mv.de/ueber-uns/geschaeftsstelle/; aufgerufen am 22.Juni 2015.

55 Andrea Vogler-Lehmann per E-Mail mit Datum vom 23.Juni 2015 an den Autor.

56 Friede Springer – „Der Staat kann nicht alles", Welt am Sonntag, 23.1.2011; zu finden unter: http://www.friedespringerstiftung.de/presseservice.htm; aufgerufen am 1. Oktober 2015.

57 Robert Bosch GmbH, Geschäftsbericht 2014.

58 Die übrigen 7 Prozent der Stimmrechte liegen bei der Familie Bosch, die 7 Prozent der Anteile hält; http://www.bosch-stiftung.de/content/language1/html/389.asp; aufgerufen am 8.Juli 2015.

59 Robert Bosch GmbH, Geschäftsbericht 2014, Seite 132

60 Michael Freitag, Das grüne Leuchten, Manager Magazin, Heft 1/2011, Seite 44.

61 Franz Jürgen Säcker/Roland Rixecker (Hrsg.), Münchener Kommentar Bürgerliches Gesetzbuch, Band 1, Allgemeiner Teil, München 2012.

62 Professor Joachim Rogall im Interview mit dem Autor am 7.Juli 2015.

63 Andreas Moseke, Bezirksregierung Detmold, per E-Mail mit Datum vom 24. August 2015 an den Autor.

64 Klaus-Henning Groth, Senior Vice President Strategische Kommunikation der Bertelsmann-Stiftung, per E-Mail mit Datum vom 28.August 2015 an den Autor.

65 Dieter Reuter, Vorwort, in: Zeitschrift für das Recht der Non-Profit-Organisationen, Heft 3/2013.

66 Manfred Lennartz, Finanzministerium NRW, per E-Mail mit Datum vom 15.September 2015 an den Autor. Das Ministerium verweist auf unter anderem auf § 58, Nr. 10 und § 62 Abs. 1 Nr. 4 der Abgabenordnung.

67 Regine Solibakke, Pressesprecherin der Krupp-Stiftung, per E-Mail mit Datum vom 6.Juli 2015 an den Autor.

68 http://www.ndr.de/nachrichten/hamburg/Michael-Otto-gibt-Milliarden-in-Stiftung,michaelotto124.html; aufgerufen am 24.Juli 2015.

69 Interview mit Prof. Birgit Weitemeyer am 1.Juli 2015.

70 http://www.heinz-trox-stiftung.de/fd_de/stiftung/index.html; aufgerufen am 2.Juli 2015.

71 Interview mit Prof. Birgit Weitemeyer am 1.Juli 2015.

72 Jörg Martin, Eine Stiftung für Ausbildung ins Leben rufen, in: Programmstelle beim Bundesinstitut für Berufsbildung (BIBB) für das Programm Jobstarter des Bundesministeriums für Bildung und Forschung (Hrsg.), Stiftungen für die berufliche Bildung.
Jobstarter Praxis –Band 3, Bonn, 2009, Seite 76.

9. Immer mehr kritische Berichte

Wenn Buchautoren und Journalisten in der Vergangenheit eine gemeinnützige Stiftung aufs Korn nahmen, dann traf das zumeist die Bertelsmann-Stiftung. Ein Sammelband von 2007 beleuchtete den „medial-politischen Komplex aus Gütersloh".[1] Der Autor Thomas Schuler prangerte 2010 in seinem Buch „Bertelsmann Republik Deutschland" die Machtfülle der Gütersloher Großstiftung an.[2] Gegner der Bertelsmann-Stiftung organisierten Konferenzen und stellten kritische Berichte ins Internet. Von weiteren Stiftungen war selten die Rede. Als herrsche im übrigen Stiftungswesen eitel Sonnenschein.

Das scheint sich zu ändern. Mehr und mehr entdecken Journalisten: Gute Gründe sprechen dafür, auch andere Stiftungen unter die Lupe zu nehmen.

Beispiel 1: „Blätter für deutsche und internationale Politik". Die linke Monatszeitschrift veröffentlichte im August 2013 einen Text, der das gemeinnützige „Forschungsinstitut zur Zukunft der Arbeit" (IZA) und dessen Verbindungen zur Deutsche-Post-Stiftung kritisierte.[3] Der Kölner Publizist Werner Rügemer schrieb hier, dass das IZA von der Post-Stiftung finanziert werde. Rügemers Vorwürfe: IZA-Chef Professor Klaus Zimmermann sei wissenschaftlich nicht unabhängig, das Institut betreibe Lobbying und informiere nicht über die Förderung durch die Post-Stiftung. Werner Rügemers Text stieß auf Widerspruch. Zimmermann und IZA erklären: Das Institut sei „keinen Einflüssen Dritter ausgesetzt". Man betreibe auch kein Lobbying und weise deutlich auf die Verbindung zur Post-Stiftung hin.[4] Professor Zimmermann zog gegen den Kölner Publizisten vor Gericht.[5] Das Hamburger Landgericht gab der Klage Zimmermanns in Teilen Recht.[6] Rügemer ging in Berufung.[7] Der Fall liegt nun beim Hanseatischen Oberlandesgericht.

DEUTSCHE-POST-STIFTUNG

Sitz: Bonn.
Gegründet: 1998.
Vorstand: Klaus Zumwinkel, Ex-Chef der Deutschen Post.
Förderschwerpunkte: „Forschungsinstitut zur Zukunft der Arbeit" (IZA) und „Stiftungsfonds für Umweltökonomie und Nachhaltigkeit" (SUN).
Mitglieder des Stiftungskuratoriums: Keine Angaben.
Höhe von Vermögen, Einnahmen und jährlichen Ausgaben: Keine Angaben.

Im Januar 2015 griff das „Handelsblatt" den Fall auf. Die Düsseldorfer Wirtschaftszeitung bezeichnete die Deutsche-Post-Stiftung als „höchst intransparent". Sie finanziere „Ökonomen mit einer klaren Agenda".[8] Das IZA sei „sehr einflussreich", habe die „Hartz-Reformen wissenschaftlich vorbereitet", werbe für Arbeitsmarkt-liberalisierung und stelle „Gefahren des Mindestlohns" dar. Dies sei „die Auffassung eines Journalisten", nicht „die Meinung des Handelsblatts", entgegnet Alessio Brown vom IZA.[9] Laut „Handelsblatt"-Artikel erhält die Post-Stiftung im Rahmen einer Schenkungsvereinbarung Geld vom Post-Konzern, „derzeit gut 13 Millionen Euro" jährlich. Und: „Die Stiftung hat keine Webseite und keine gelistete Telefonnummer." Ulrich Müller, Vorstandsmitglied von Lobbycontrol, argumentiert im Artikel: „Wenn sich Aktivitäten des IZA mit den Interessen der Deutschen Post überlagerten und die Deutsche-Post-Stiftung nur eine leere Hülle wäre, stellten sich Fragen nach der Gemeinnützigkeit der gesamten Konstruktion."

Als ich im Juli 2015 recherchiere, stoße ich schnell auf die Homepage der Stiftung, samt Kontaktadresse und Telefonnummer. Wann wurde die Webseite eingerichtet? Das will mir die Deutsche-Post-Stiftung nicht verraten. Auch zum „Handelsblatt"-Artikel erhalte ich keine Auskunft. „Zu subjektiven Meinungsbeiträgen in der Presse nehmen wir grundsätzlich keine Stellung", schreibt die Stiftung in einer Stellungnahme. Sie verliert ferner kein Wort darüber, wie hoch das Stiftungsvermögen ist und wie viel die Deutsche Post pro Jahr an die Stiftung zahlt. Wer Mitglied des Stiftungskuratoriums ist, bleibt ebenfalls im Dunkeln. Die „völlige Unabhängigkeit" der Stiftung sei „garantiert", heißt es lediglich in der Stellungnahme. Das IZA, so die Stiftung weiter, koordiniere heute „das größte Forschungsnetzwerk der Ökonomie" mit „weltweit rund 1.500 Wissenschaftlern". Zu den Arbeitsschwerpunkten zählten „globale Migrationsentwicklung" und „Armutsbekämpfung in Folge von Massenarbeitslosigkeit in den Entwicklungsländern".[10]

Beispiel 2: ARD-Wirtschaftsmagazin Plusminus. Hier lief im Januar 2013 ein Beitrag über die Stiftung Lebendige Stadt.[11] Eine Stiftung, die sich nach eigenen Angaben für „urbane Vielfalt" einsetzt.[12] An deren Spitze steht Alexander Otto, ein Spross der Hamburger Milliardärsfamilie Otto („Otto-Versand"). Er ist Chef einer Immobilienfirma, die europaweit Einkaufszentren entwickelt, vermietet und managt – der ECE Projektmanagement GmbH & Co. KG. Wo ECE einen Konsumtempel hinklotze, dort gingen kleine Händler Pleite und verödeten die Innenstädte. So sehen es ECE-Kritiker, die im Plusminus-Beitrag zu Wort kamen – ECE widerspricht diesem Vorwurf. Trotz der Kritik habe das Hamburger Unternehmen Erfolg, dank seiner Lobbyarbeit, hieß es im ARD-Film. „Ein wichtiges Instrument dabei: Die Stiftung Lebendige Stadt, gegründet von ECE-Chef Alexander Otto", berichtete Plusminus. „Erstaunlich" sei, so das Magazin, dass im Stiftungsrat kaum Stadtplaner und andere Experten zu finden sind, sondern „politische Entscheidungsträger", also „Bürgermeister, Ministerpräsidenten, Minister".

ECE nutze die Stiftung, um wichtige Kontakte zu knüpfen, erklärte im Plusminus-Film Ulrich Müller von Lobbycontrol. „Die Stiftung ist abhängig von ECE", so Müller. „Sie hat nicht genügend eigene Finanzmittel." Außerdem, ergänzte Ulrich Müller, seien die entscheidenden Positionen der Stiftung mit ECE-Leuten besetzt: „Das heißt, sie kann nicht wirklich unabhängig agieren."

STIFTUNG LEBENDIGE STADT

Sitz: Hamburg.
Gegründet: 2000.
Die Vorsitzenden von Kuratorium und Vorstand sind hochrangige Vertreter der ECE Projektmanagement GmbH & Co.KG.
Das Unternehmen plant und errichtet europaweit Einkaufszentren.
Stiftungskapital: 511.000 Euro.
ECE spendete 2014 insgesamt 985.000 Euro.
Jährliche Ausgaben: 830.000 Euro (2014)

Ich schreibe der Hamburger Stiftung, die sich an der Initiative „Transparente Zivilgesellschaft" beteiligt, und bitte um Stellungnahme. „Die Stiftung befasst sich bewusst nicht mit dem Thema Handel", antwortet Stiftungsmitarbeiter Rando Aust. „Schon von daher kann die Stiftung keine Lobbyarbeit für die ECE leisten." Aust verweist auf einen entsprechenden Verhaltenskodex, der für alle Gremienmitglieder der Stiftung gelte. Zudem gebe es sehr wohl Gremienmitglieder, die „Kompetenz in Sachen Stadtentwicklung" mitbringen. Rando Aust bestätigt, dass ECE Zuwendungen an die Stiftung zahlt. Allerdings „ohne Bindung an Einzelprojekte." Ferner habe ECE in keinem Stiftungsgremium eine Mehrheit. „Unabhängigkeit und Neutralität der Stiftung" würden gewahrt.[13]

Auch in der „taz" oder auf „Spiegel Online" entdecke ich Veröffentlichungen, die Stiftungen unter Rechtfertigungsdruck setzen. Derlei Medienberichte haben, wie ich finde, eine gesunde Wirkung: Immer weniger Menschen nehmen an, dass eine Körperschaft schon deshalb Vorschusslorbeeren verdient, weil sie sich Stiftung nennt und als gemeinnützig anerkannt ist.

SHOPPING-PARADIES
STIFTUNG LEBENDIGE STADT
LYONN REDD

10. „Ausdruck eines veralteten Gesellschaftssystems" – Was ist zu tun?

Niemand käme auf die Idee, Professor Helmut Anheier einen Stiftungsgegner zu nennen. Schließlich amtiert der Soziologe als Präsident der stiftungsfinanzierten „Hertie School of Governance" in Berlin. Außerdem gehört er zu den Gründern der Heidelberger Denkfabrik CSI, hinter der ebenfalls Stiftungen stehen. Doch der Professor schrieb 2004 einen Aufsatz, in dem er die Argumente zugunsten einer weiteren Förderung des Stiftungswesens mit scharf formulierten Gegenthesen konfrontierte.[14] Anheier wollte damit provozieren, eine Diskussion entfachen. Hier eine Auswahl der Gegenthesen:

» „Stiftungen sind kulturelle Überbleibsel der frühindustriellen Zeit und Ausdruck eines veralteten Gesellschaftssystems."

» „Stiftungen mischen sich störend in den politischen Prozess ein. Sie vertreten spezielle Interessen und selten das Allgemeinwohl."

» „Die auf Dauer angelegte Institution der Stiftung passt nicht in eine Gesellschaft, die auf Wandel ausgerichtet ist und Flexibilität erfordert."

» „Stiftungen sind ein Tätigkeitsfeld für eine Gruppe selbst ernannter Wohltäter."

» „Da sie letztlich der Elite und der oberen Mittelklasse entspringen, verstärken sie die Ungleichheit im Zugang zur politischen Meinungsfindung."

» „Stiftungen sind eine ineffiziente Art, Vermögen für das Gemeinwohl zu akquirieren."

» „Anstatt einen zusätzlichen gesellschaftlichen Nutzen zu schaffen, gehen sie aufgrund der Steuereinbußen zulasten der öffentlichen Hand."

» „Stiftungsgründungen sollten deshalb nicht länger gefördert und bestehende Stiftungen stufenweise abgebaut werden."

Anheiers Vorstoß, eine Diskussion zu entfachen, ging ins Leere. Im Interview für den Deutschlandfunk 2012 bekannte der Soziologe: „Über die letzten acht Jahre hinweg hat sich eine wirkliche Debatte zu Rolle der Stiftungen noch nicht eingestellt." Zumindest nicht in der Öffentlichkeit. Unter Wissenschaftlern, die sich hierzulande mit Stiftungen beschäftigen, wird hingegen seit Jahren kontrovers diskutiert. Ganz zu schweigen von den USA, wo bereits in den 1960er Jahren die Rolle von Stiftungen in öffentlichen Debatten, in Zeitungsberichten und im Parlament hinterfragt wurde. Worauf nun laufen Forderungen und Argumente aus Deutschland und den USA hinaus? Es lassen sich folgende Reformvorschläge ableiten:

Kleinstiftungen abschaffen. Neue Stiftungen werden nur noch zugelassen, wenn sie mindestens drei Millionen Euro Stiftungskapital nachweisen. Der Gesetzgeber schafft Anreize, damit bereits existierende Mini-Stiftungen mit anderen Stiftungen verschmelzen – oder sich in „Verbrauchsstiftungen" umwandeln.[15] Letztere existieren nicht mehr „ewig", sondern verbrauchen ihr Kapital innerhalb einer festgelegten Zeit. So fließt das Stiftungskapital in die Volkswirtschaft zurück.

Transparenz herstellen. Der Gesetzgeber verabschiedet ein „Informationsfreiheitsgesetz" für gemeinnützige Organisationen. Bürgerinnen und Bürger erhalten so das Recht, Auskunft von Stiftungsaufsichtsbehörden zu erhalten. Stiftungen werden verpflichtet, wichtige Dokumente regelmäßig zu veröffentlichen. Dazu zählt der Jahresbericht mit Einnahmen und Ausgaben sowie eine Liste der wichtigsten Spender. Jeweils zum Jahresende veröffentlichen Stiftungen, wie hoch der aktuelle Marktwert („Verkehrswert") ihres Stiftungsvermögens ist.

Staatliche Aufsicht stärken. „Ich bin ein großer Freund des englischen Charity Commission Systems", gesteht der Berliner Stiftungsfachmann Rupert Graf Strachwitz. Diese Kommission erfüllt in England und Wales als Staatsbehörde – vergleichbar mit einem deutschen Bundesamt – Aufsichtspflichten gegenüber Stiftungen und Vereinen. „Im Einzelfall kann diese Kommission einer Stiftung Anweisungen geben", erklärt Graf Strachwitz. Eine derartige Kommission könnte auch hierzulande Sinnvolles tun, meint der Berliner Experte. Sie hätte das Recht, einer unternehmensverbundenen Stiftung, die nur in geringem Maße am Unternehmensgewinn beteiligt wird, zu sagen: „Das hat mit Unternehmenspolitik nichts mehr zu tun, sondern ist nur noch ein Horten von Stiftungsvermögen."

Ausschüttungen erhöhen. Der Gesetzgeber schreibt gemeinnützigen Stiftungen vor, einen festen Prozentsatz ihrer Erträge zugunsten der Allgemeinheit auszuschütten. In den USA ist gesetzlich vorgeschrieben, dass Stiftungen jährlich 5 Prozent ihres Vermögens ausschütten.

Steuerliche Förderung einschränken. Das Recht der Stifter, bis zu eine Million Euro pro Jahr von der Steuer abzusetzen, wird einkassiert. Im ersten Schritt fällt die Obergrenze auf 300.000 Euro – das entspricht der Rechtslage vor 2007. Weitere Schritte folgen. Auch Spender, seien es Privatpersonen, Vereine, Verbände oder Unternehmen, werden künftig weniger subventioniert.

Demokratisierung anschieben. Da die Steuerzahler in hohem Maße zur Finanzierung von Stiftungen beitragen, erhalten sie Sitz und Stimme in den Stiftungsgremien. Der US-amerikanische Autor Mark Dowie forderte bereits im Jahr 2001: Ein Drittel der Sitze geht an Personen, die von einem Parlament ernannt wurden. Eine Handvoll Stiftungen hat begonnen, zumindest die Zielgruppe ihrer Fördertätigkeit an Entscheidungen zu beteiligen. Dies gilt etwa für die politisch links stehende Bewegungsstiftung.[16] Oder für die Frauenstiftung filia, die von der Bosch-Erbin Ise Bosch mitgegründet wurde.[17]

Großstiftungen zerschlagen. US-Autor Mark Dowie fordert ein Anti-Kartell-Gesetz für Stiftungen („The Foundations Antitrust Act").[18] Keine Stiftung, so Dowie, dürfe mehr als ein Vermögen von einer Milliarde Dollar besitzen. Auf Deutschland bezogen heißt das: Die Bertelsmann-Stiftung, geschätzte zehn Milliarden Euro reich, wird in zehn voneinander unabhängige Stiftungen zerschlagen. Aus der Bosch-Stiftung entstehen ebenfalls zehn Einzelstiftungen. Die Dietmar-Hopp-Stiftung teilt sich in sechs Stiftungen auf.

Debatte über Gemeinnützigkeitsrecht führen. Im Jahr 2014 entschied das Finanzamt in Frankfurt am Main, dem deutschen Trägerverein von Attac die Gemeinnützigkeit zu entziehen. Begründung: Die banken- und globalisierungskritische Organisation verfolge „politische Zwecke".[19] Eine Entscheidung, die unter Juristen umstritten ist.[20] In der linksliberalen Öffentlichkeit stieß sie auf Protest, zahlreiche gemeinnützige Vereine reagierten betroffen. Brot für die Welt, Amnesty International, Foodwatch, aber auch die Bewegungsstiftung oder die religionskritische Giordano-Bruno-Stiftung bilden inzwischen eine Allianz namens „Rechtssicherheit für politische Willensbildung". Diese fordert, die Abgabenordnung zu ändern – damit politisch aktive Vereine und Stiftungen in Zukunft nicht Gefahr laufen, den Status gemeinnützig zu verlieren.[21]

Eine andere Stoßrichtung hatte im August 2015 eine ARD-Dokumentation („Die Story im Ersten“), die die Aktivitäten gemeinnütziger Vereine untersuchte. Die Autoren legten Belege vor, denen zufolge beispielsweise die „Deutsche Gesellschaft für Wehrtechnik e.V.“ auch private Interessen bedient – als Lobbygruppe für die Rüstungsindustrie.[22] Auch das vorliegende Buch liefert zahlreiche Hinweise auf Lücken im deutschen Gemeinnützigkeitsrecht. Lücken, die gemeinnützige Stiftungen zu nutzen wissen – für Aktivitäten, von denen Privatpersonen und private Unternehmen profitieren. Wie lassen sich diese Lücken schließen? Dies ist keine einfache Frage – aber eine, die beantwortet werden muß.

STIFTUNG
TUNG
STIFTUNG
STIFTUNG
STIFTUNG
ES
REICHT!
GENUG!
STOP!
GESETZE ÄNDERN!
UM-DENKEN!
STOP
JETZT!
LYONN REDD

1 Wernicke, Jens/ Bultmann, Torsten, Netzwerk der Macht – Bertelsmann. Der medial-politische Komplex aus Gütersloh, Marburg 2007.

2 Schuler, Thomas, Bertelsmann Republik Deutschland. Eine Stiftung macht Politik, Frankfurt am Main, 2010.

3 Werner Rügemer, Die unterwanderte Demokratie. Der Marsch der Lobbyisten durch die Institutionen, in: Blätter für deutsche und internationale Politik, August 2013

4 http://newsroom.iza.org/de/2015/02/19/urteil-des-landgerichts-hamburg-zum-ruegemer-prozess/; aufgerufen am 11.September 2015.

5 Anja Krüger, Mietwissenschaftler der Post? Klage zum Forschungsinstitut IZA, in: taz.de, 30.1.2015; http://www.taz.de/!5022112/; aufgerufen am 22.Juli 2015.

6 Landgericht Hamburg, Urteil vom 6.Februar 2015, Az: 324 019/14; dazu ein Blog-Eintrag von Klaus Zimmermann; http://www.klausfzimmermann.de/wp/urteil-des-landgerichts-hamburg-zum-rugemer-prozess-az-324-o-1914/; aufgerufen am 22.Juli 2015.

7 Werner Rügemer per E-Mail mit Datum vom 23.Juli 2015 an den Autor.

8 Norbert Häring, Zumwinkels forsche Forscher, in: Handelsblatt, 19.Januar 2015

9 Alessio Brown, Director of Strategy and Research Management des IZA, per E-Mail mit Datum vom 10. September 2015 an den Autor.

10 Waltraud Klar, Office Management Deutsche-Post-Stiftung, per E-Mail am 27.Juli 2015 an den Autor.

11 https://www.youtube.com/watch?v=21Tj6T-i95Q; aufgerufen am 17. August 2015

12 http://www.lebendige-stadt.de/web/template2neu.asp?sid=175&nid=&cof=167; aufgerufen am 17. August 2015.

13 Rando Aust, Bevollmächtigter des Vorstands der Stiftung Lebendige Stadt, am 6. Juli 2015 per E-Mail an den Autor.

14 Helmut Anheier/Anja Appel, Stiftungen in der Bürgergesellschaft: Grundlegende Fragen zu Möglichkeiten und Grenzen, in: Bundeszentrale für politische Bildung, Aus Politik und Zeitgeschichte, B14/2004.

15 Shape the Future. Zukunft des Stiftens, Studie von Roland Berger Strategy Consultants, im Auftrag der Robert Bosch-Stiftung, Stuttgart, 2014, Seite 74.

16 http://www.bewegungsstiftung.de/aufbau.html; aufgerufen am 6.Juli 2015.

17 http://www.filia-frauenstiftung.de/inhalt/filia-eine-tochter-der-frauenbewegung/filia-maedchenbeirat.html; aufgerufen am 6.Juli 2015.

18 Mark Dowie, American Foundations. An Investigative History, Cambridge/Massachusetts, London, 2001, Seite 258.

19 Rainer Hüttemann, Steuerliche Gemeinnützigkeit und politische Betätigung, in: Der Betrieb, Nr.15, 10.April 2015, Seite 821ff.

20 Birgit Weitemeyer, Florian Kamp, Zulässigkeit politischer Betätigungen durch Gemeinnützige, in: Zeitschrift für Rechtspolitik, 2015, Seite 72 -75.

21 http://www.zivilgesellschaft-ist-gemeinnuetzig.de/forderungen/; aufgerufen am 11. September 2015.

22 „Steuerfrei e.V. – Millionengeschäfte mit der Gemeinnützigkeit", in: „Die Story im Ersten", gesendet am 24. August 2015; http://www.daserste.de/information/reportage-dokumentation/dokus/sendung/steuerfrei-e-v-100.html; aufgerufen am 11. September 2015.

Privates Geldvermögen in Deutschland

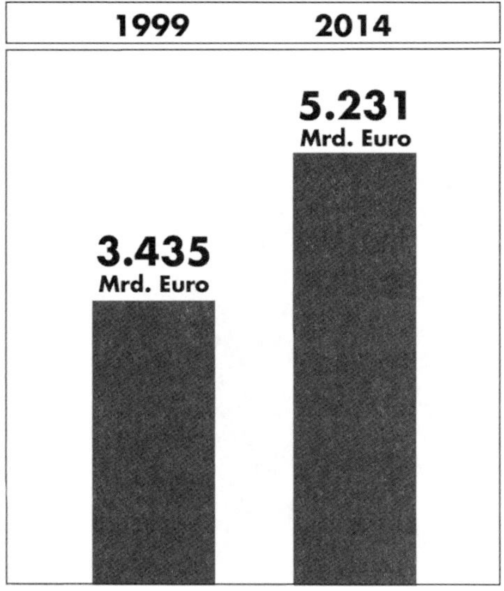

Quelle: Deutsche Bundesbank

Zahl der Stiftungen

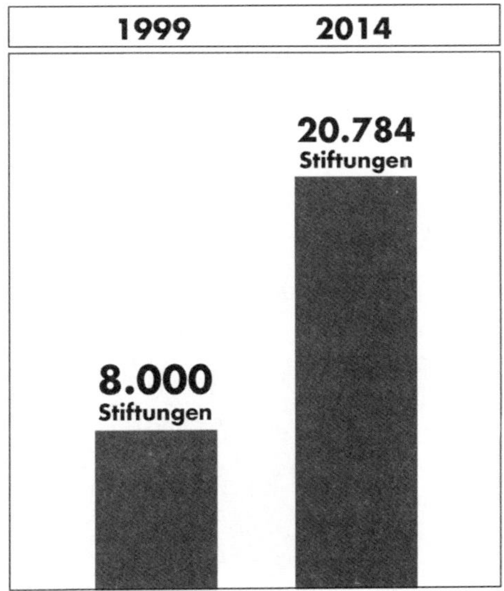

Quelle: Bundesverband Deutscher Stiftungen

Staatsquote

(= Ausgaben des Staates im Verhältnis zur gesamten Wirtschaftsleistung)

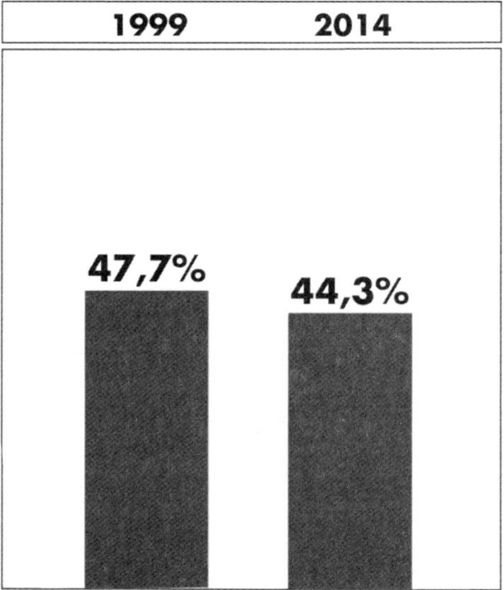

Quelle: Bundesministerium der Finanzen

Tabelle 1: Die 20 reichsten Stiftungen Deutschlands[1]
(gestiftet von Firmen, Unternehmern oder Erben)

Stiftung	**Sitz**	**Stiftungskapital** in Mrd. EUR (2014)
Robert-Bosch-Stiftung (Bosch)	Stuttgart	5,2 (Buchwert)
Bertelsmann-Stiftung (Bertelsmann)	Gütersloh	0,9 (Buchwert)
Else-Kröner-Fresenius-Stiftung (Fresenius: Medizintechnik, private Kliniken)	Bad Homburg	6,2
Dietmar-Hopp-Stiftung (SAP-Großaktionär)	St.Leon-Rot/ Heidelberg	4,3
Klaus-Tschira-Stiftung (SAP-Großaktionär)	Heidelberg	3,9 (Buchwert)
Alfried-Krupp-von-Bohlen-und-Halbach-Stiftung (ThyssenKrupp)	Essen	2,8
Michael-Otto-Stiftung (Otto-Versand, Hermes-Paketdienst)	Hamburg	Laut Medienberichten mehrere Mrd. Euro
Körber-Stiftung (Körber AG: Maschinenbau)	Hamburg	0,5 (Buchwert)
Possehl-Stiftung (Possehl: Mischkonzern)	Lübeck	Keine Angabe
Joachim-Herz-Stiftung (Tchibo-Erbe)	Hamburg	1,4 (Buchwert)
Gemeinnützige Hertie-Stiftung (Hertie-Erben)	Frankfurt a.M.	1

Stiftung	**Sitz**	**Stiftungskapital** in Mrd. EUR (2014)
ZEIT-Stiftung Ebelin und Gerd Bucerius (Gerd Bucerius: Verleger DIE ZEIT, Bertelsmann)	Hamburg	0,9
Software-AG-Stiftung (Software AG)	Darmstadt	0,8
Gerda-Henkel-Stiftung (Henkel)	Düsseldorf	0,7
Fritz-Thyssen-Stiftung (Thyssen)	Köln	0,5
Karl-Schlecht-Stiftung (Putzmeister Holding: Betonpumpen, Baumaschinen)	Aichtal/ Stuttgart	0,4
Brost-Stiftung (Anneliese Brost: WAZ-Mediengruppe)	Essen	0,3
Siemens-Stiftung (Siemens)	München	0,3
Deutsche-Telekom-Stiftung (Deutsche Telekom)	Bonn	0,15
Hans-Erich-und-Marie-Elfriede-Dotter-Stiftung (Haarpflegemittel „Goldwell“)	Darmstadt	0,15

[1] Stiftungskapital einschließlich freier Rücklagen (soweit bekannt). Quelle: Bundesverband Deutscher Stiftungen, eigene Recherchen. Der „Buchwert" unterscheidet sich oftmals vom „Verkehrswert", also dem aktuellen Marktwert einer Unternehmensbeteiligung. Diese Tabelle gibt Einschätzungen des Autors wieder und ist als Orientierung zu verstehen.

Tabelle 2: Die 20 reichsten Stiftungen der USA[2]

(gestiftet von Firmen, Unternehmern oder Erben)

Stiftung	Sitz	Stiftungskapital in Mrd. US-$ (2013)
Bill & Melinda Gates Foundation (Microsoft)	Washington	41,3
Ford Foundation (Ford)	New York	12,3
J. Paul Getty Trust (Erdöl)	Kalifornien	11,1
Robert Wood Johnson Foundation (Johnson & Johnson: Haushaltsprodukte, Pharma)	New Jersey	10,2
W.K. Kellogg Foundation (Kellogg's Cornflakes)	Michigan	8,6
William and Flora Hewlett Foundation (Hewlett-Packard)	Kalifornien	8,6
Lilly Endowment (Eli Lilly: Pharma)	Indiana	7,7
David and Lucile Packard Foundation (Hewlett-Packard)	Kalifornien	6,9
Gordon and Betty Moore Foundation (Intel)	Kalifornien	6,4
John D. and Catherine T. MacArthur Foundation (Bank, Immobilien)	Illinois	6,3

Stiftung	**Sitz**	**Stiftungskapital** in Mrd. US-$ (2013)
Andrew W. Mellon Foundation (Bank)	New York	6,2
Bloomberg Philanthropies (Bloomberg: Medienkonzern)	New York	5,4
Leona M. and Harry B. Helmsly Charitable Trust (Hotels)	New York	4,2
Rockefeller Foundation (Erdöl)	New York	4,1
Kresge Foundation (Discount-Läden, Kaufhäuser)	Michigan	3,5
Duke Endowment (Tabakindustrie)	North Carolina	3,4
John Templeton Foundation (Investmentfonds)	Pennsylvania	3,4
Open Society Foundations (George Soros: Hedgefonds)	New York	3,3
Robert W. Woodruff Foundation (Coca Cola)	Georgia	3,1
Margaret A. Cargill Foundation (Cargill: Getreidehandel, Lebensmittel)	Minnesota	3,1

[2] http://foundationcenter.org/findfunders/topfunders/top100assets.html aufgerufen am 24. Juli 2015.

Literatur (Auswahl)

Adloff, Frank, Philanthropisches Handeln.
Eine historische Soziologie des Stiftens in Deutschland und den USA, Frankfurt am Main 2010.

Bloemer, Vera, Stifterinnen.
Frauen erzählen von ihrem Engagement. Verlegt vom Bundesverband Deutscher Stiftungen, Berlin 2010.

Dowie, Mark, American Foundations.
An Investigative History, Cambridge/Massachusetts, London 2001.

Fest, Joachim (Hrsg.), Die großen Stifter.
Lebensbilder – Zeitbilder, Berlin 1997.

Göring, Michael, Unternehmen Stiftung.
Stiften mit Herz und Verstand, München 2010.

Hüttemann, Rainer, Gemeinnützigkeits- und Spendenrecht, Köln 2015.

Jürgen Kocka, Günter Stock (Hrsg.), Stiften, Schenken, Prägen.
Zivilgesellschaftliche Wissenschaftsförderung im Wandel, Frankfurt am Main 2011.

Pues, Lothar, Praxishandbuch Stiftungen.
Stiften auch mit kleinem Vermögen, Stuttgart 2010.

Diane Ravitch, Reign of Error.
The Hoax of the Privatization Movement and the Danger to America's Public Schools, New York 2013.

Schuler, Thomas, Bertelsmann Republik Deutschland.
Eine Stiftung macht Politik, Frankfurt am Main 2010.

Wernicke, Jens/ Bultmann, Torsten,
Netzwerk der Macht – Bertelsmann.
Der medial-politische Komplex aus Gütersloh, Marburg 2007.

„Ohne Stiftungen wäre der Buchmarkt ärmer.
Denn immer mehr Verlage arbeiten mit Stiftungen zusammen.
Ob durch Unterstützung beim Schreibprozess,
durch Forschungsförderung, Druckkostenzuschuss oder eigene
Publikationen: Fast jedes zehnte Buch verdankt sein
Zustandekommen heute einer Stiftung."

Pressemeldung des Bundesverbandes Deutscher Stiftungen vom 11.Oktober.2011

Dieses Buch entstand ohne
Hilfe von Stiftungen.